"十四五"职业教育国家规划教材
高等职业教育教学改革创新规划教材·酒店管理系列

服务礼仪

（第三版）

【主编】
王淑华　宋春风

【副主编】
王 欣　赵 丹　林佳伟　郭琎

首都经济贸易大学出版社
Capital University of Economics and Business Press
·北 京·

图书在版编目（CIP）数据

服务礼仪 / 王淑华，宋春风主编. -- 3 版. -- 北京：首都经济贸易大学出版社，2024. 1
ISBN 978-7-5638-3543-0

Ⅰ. ①服… Ⅱ. ①王… ②宋… Ⅲ. ①服务业-礼仪-高等职业教育-教材 Ⅳ. ①F719

中国国家版本馆 CIP 数据核字（2023）第 239341 号

服务礼仪（第三版）
FUWU LIYI
主　编　王淑华　宋春风
副主编　王　欣　赵　丹　林佳伟　郭　琎

责任编辑　王　猛
封面设计　风得信·阿东 FondesyDesign
出版发行　首都经济贸易大学出版社
地　　址　北京市朝阳区红庙（邮编 100026）
电　　话　（010）65976483　65065761　65071505（传真）
网　　址　http：//www. sjmcb. com
E-mail　publish@ cueb. edu. cn
经　　销　全国新华书店
照　　排　北京砚祥志远激光照排技术有限公司
印　　刷　唐山玺诚印务有限公司
成品尺寸　185 毫米×260 毫米　1/16
字　　数　249 千字
印　　张　10. 5
版　　次　2019 年 10 月第 1 版　2022 年 9 月第 2 版
　　　　　　2024 年 1 月第 3 版　2024 年 1 月总第 9 次印刷
书　　号　ISBN 978-7-5638-3543-0
定　　价　45. 00 元

前　言

礼是人类文明的重要标志。礼仪包含礼节和仪式，是人类为维系社会正常运转而要求人们共同遵守的行为规范。中国作为历史悠久的文明古国，创造了灿烂的文化，形成了高尚的道德准则，拥有完整的礼仪规范，被世人称为文明古国、礼仪之邦。在现代服务行业，服务礼仪已成为具有普遍性、共同性、指导性的礼仪规范，被社会和消费者广为认知。

现代新型高职院校以服务社会为宗旨，培养实用技能型人才。服务礼仪修养和技能是现代服务类企业发展竞争的砝码，服务礼仪贯穿服务行业的始终，服务人员的气质修养、专业技能关系行业的服务形象、服务水平和服务质量，甚至关系国家、民族的形象。本教材以培养酒店从业人员礼仪养成为主，兼顾旅游、窗口服务、网约车（出租车）、公共交通、航空、高铁服务等，打破传统的课程结构，落实“项目课程”，构建了全新的以工作任务为中心、以工作项目为主体、以模块整合为基点的课程体系，使教材内容与行业、岗位工作流程紧密融合。

本教材在内容上设置了基础礼仪、酒店服务礼仪、旅游服务礼仪、其他服务礼仪四个模块，14 个项目，44 个任务；每个模块都由模块综述开始，每个项目都有项目介绍、学习目标，每个任务都由任务导入、任务分析、任务实施、技能训练四部分组成，并植入了 11 个微课、8 个课堂实录、3 个视频等信息资源。一方面，便于学生围绕任务展开学习，通过“做中学、学中做”训练礼仪操作能力，养成良好礼仪习惯；另一方面，便于教师的教学，通过具体的任务把教学内容融入每个任务中，提高礼仪教学的针对性，增加教师对工作流程的实践积累。

在本次修订过程中，我们以“培根铸魂、启智增慧”为根本遵循，按照职业核心能力认证中“礼仪训练”的标准更新了基本知识和基本技能，并重点从以下几个方面展开修订工作：

一、以文化人，树立文化自信

本次修订力求将我国传统文化中“仁、义、礼、智、信”的道德规范，“正心、修身、齐家、治国、平天下”的高尚情怀，“厚德载物”的宽广胸襟，结合新时代下艰苦奋斗、无私奉献的精神财富，融入服务礼仪基础知识的讲授过程中，使学生了解中国礼仪文化的历史和功能，理解中国传统文化的博大精深，树立文化自信。

二、书证融通，多方共同开发

本次修订在前两版基础之上，对照国家职业技能标准和职业技能竞赛技术规程，精心制作分步骤实图，以礼仪规范清晰呈现操作技法，力求有效提高学生的职业素养。

本次修订中，作为国家首批100个职业教育集团之一的“大连现代服务职业教育集团”的职业院校，与政府部门、行业机构、企业单位等共同编写论证，力求使本教材能够知行合一。优秀教师、行业专家（包括国家高级礼仪培训师、国际航空运输联盟教员、高级茶艺师等）参与修订，及时呈现新技术、新规范、新要求，既可以满足高等院校服务礼仪专业课、公共选修课教育教学要求及礼仪文化研究需求，又有利于促进相关从业人员提升礼仪理论和技能水平。

三、突出技能训练

本次修订对实践教学有所创新，力求内容生动具体，将礼仪要求与工作流程相融合，形成体系；通过模拟情境演练、角色扮演等方法，把礼规要点和操作技巧灵活、细致、准确地传授给学生，帮助学生提升自己的形象、气质、品位。

四、注重课程思政

本次修订紧密围绕“立德树人”根本任务，融入课程思政元素，将礼仪与思政相结合、礼仪与社会主义核心价值观相结合、礼仪与国学相结合，在项目介绍中指明本单元思政育人的方向和目标，传承和弘扬优秀的民族文化，在学习任务和学习评价中明确思政要点和评价指标，潜移默化地实现价值观塑造、知识传授和能力培养，打造有高度、有温度、有厚度的立体化礼仪教学课堂，培育有精神信仰、有职业担当、有崇高理想、有博爱胸怀的高素质服务人才。

本教材既可作为高等职业院校酒店、旅游、服务类专业教材，也可作为服务行业岗位培训参考用书。

本教材主编为辽宁轻工职业学院王淑华、宋春风老师，副主编为辽宁轻工职业学院王欣、赵丹、林佳伟、郭琎老师。其中：王淑华老师编写模块一的项目一、项目二、项目三、项目六，宋春风老师编写服务礼仪概述，模块一的项目四、项目五，模块二的项目一、项目二、项目三，王欣老师编写模块四的项目一，赵丹老师编写模块三的项目一、项目二，林佳伟老师编写模块四的项目二，郭琎老师编写模块二的项目四。全书最后由王淑华老师统稿。

在本书编写和再版过程中，我们参阅并引用了许多专家的观点、见解，得到了很多启迪和帮助。部分资料、图片等由于各种原因无法查明出处，在此向原作者表示衷心的感谢。

礼仪文化源远流长、博大精深，限于时间和编者水平，书中难免存在不足之处，恳请广大读者、专家批评指正。

目 录

导入

模块综述

礼是文明的标志，中国是礼仪之邦。礼仪，是人与人之间的相处之道，是在长期的社会生活中形成的一种惯用的形式和行为准则，大家约定俗成、共同遵守，维护社会生活的有序运转。

礼仪起源于远古，发展到21世纪，已经融入社会生活的方方面面，维护着社会的正常运转。服务礼仪具有标准高、真诚热情、注重细节、即时高效的特点，在服务中要遵循自尊、自律、从俗、适度、平等、宽容六原则。通过本部分学习，应领会礼仪的基本理念，理解服务礼仪的特点，把握服务礼仪的原则，在服务中提升品质。

服务礼仪概述

学习目标

知识目标：

了解礼仪的起源，认识礼仪的本质，把握礼仪的基本理念；

了解中华民族各个历史发展阶段代表性礼仪礼节特征；

领会服务礼仪的特点，把握好服务礼仪的原则。

能力目标：

在服务工作中履行高标准礼仪规范；

掌握中华民族传统礼仪的特征和代表事例。

素质目标：

养成良好的个人修养和职业操守；

能够将中华民族传统礼仪文化融汇于日常礼仪服务活动中，坚定文化自信。

一、礼仪的起源与发展

“礼”，源于远古时期的祭祀。远古时期的人类对自然现象感到深不可测，视宇宙自然的力量为神的力量，充满敬畏和恐惧。为求风调雨顺，他们会举行敬神拜祖仪式，祈求神灵和祖先的保佑，祈福、避灾。《礼记·曲礼》中记载：“鹦鹉能言，不离飞鸟；猩猩能言，不离禽兽。今人而无礼，虽能言，不亦禽兽之心乎？……是故圣人作，为礼以教人，使人以有礼，知自别于禽兽。”意思是说：鹦鹉、猩猩虽然能言，但不能脱离禽兽。人虽会说话，不懂礼也同禽兽一样。……于是，圣人制定礼来教育人，人用礼来约束自身。礼使人区别于禽兽，走向文明。

拥有五千年历史的华夏文明创造了光辉灿烂的文化，形成了高尚的道德准则和完整的礼仪规范。礼仪已成为提升人们自身修养的有效武器，渗透到社会生活的方方面面，成为人们生活、学习、工作的行为规范。

二、中华民族的礼仪发展

中国自古就注重礼仪，几千年来创造了灿烂的文化，形成了高尚的道德准则和完备的礼仪规范，向来被视为文明古国、礼仪之邦。

中国古代的“礼”和“仪”实际上是两个不同的概念。“礼”是指制度、规则和社会意识观念；“仪”是“礼”的具体表现，它是依据“礼”的规定和内容形成的一套系统而完整的程序。“礼仪”的含义很广，既表现为一般的行为规范，又涵盖政治法律制度。

时至今日，现代礼仪与古代礼仪已有很大差别，我们应去粗取精，继承和发扬仍有积极意义的传统文明礼仪，如尊老敬贤、仪尚适宜、礼貌待人等，以修身养性、协调人际，塑造文明社会，建设社会主义精神文明。

礼仪在传承过程中也不断发生变化，其演变过程可以分为以下几个阶段。

（一）礼仪的起源：夏朝以前

礼仪起源于原始社会，原始社会中晚期（大约旧石器时代）出现了早期礼仪的萌芽。原始社会的礼仪较为简单，还不具有阶级性。具体内容包括：明确血缘关系的婚嫁礼仪、区别部族内部尊卑等级的礼制、祭天敬神的一些仪式、人们相互交往中的礼节等。

（二）礼仪的形成：夏、商、周三代

人类进入奴隶社会以后，统治阶级为了巩固自己的统治地位，把原始的宗教发展成符合政治需要的礼制，“礼”被打上了阶级的烙印。在这个阶段，中国第一次形成了比较完备的国家礼仪、制度，如涉及社会生活各方面礼仪规范、行为标准的“五礼”。古代的礼制典籍多撰修于这一时期，如《周礼》是记录周代礼制最为详备的著作。

（三）礼仪的变革：春秋战国时期

这一时期，百家争鸣，以孔子、孟子、荀子等为代表的诸子百家对“礼”作了深入研究和发展，对礼仪的起源、本质和功能进行了系统阐述，第一次在理论上全面而深刻地论述了社会等级秩序及其意义。孔子非常重视礼仪，把“礼”看成治国、安邦、平天下的基础，并提出了“仁”的概念。他认为“不学礼，无以立”，“质胜文则野，文胜质则史。文质彬彬，然后君子”。他要求人们用礼的规范来约束自己的行为，要做到“非礼勿视，非礼勿听，非礼勿言，非礼勿动”。他倡导“仁者爱人”，强调人与人之间要有同情心，要相互关心，彼此尊重。儒家的另一位代表人物孟子认为“恭敬之心，礼也”，并把“礼”看作人的善性发端之一。荀子则把“礼”作为其哲学思想的核心，认为“礼者，人道之极也”。他认为“礼”既是目标、理想，又是行为过程，“人无礼则不生，事无礼则不成，国无礼则不宁”。管仲认为“礼”关系国家的生死存亡，他把“礼”看作人生的指导思想和维持国家的第一支柱。

（四）礼仪的强化：秦汉到清末

尽管我国不同朝代的礼仪文化具有不同的社会、政治、经济、文化特征，却存在一个共同点，那就是一直为统治阶级所用，礼仪成为维护封建社会等级秩序的工具。这一时期礼仪的重要特点是尊君抑臣、尊夫抑妇、尊父抑子、尊神抑人。纵观我国的传统礼仪，大体可分为政治礼制和家庭伦理两大类。这一时期形成的礼仪构成了我国传统礼仪的主体。

（五）近代礼仪的变化

进入近代以后，中国的礼仪思想出现“大杂烩”，西方的礼仪标准、价值观念得到推广和传播。西方推崇的思想与中国截然不同，强调自由、平等、解放等，更加开放，而此时中国的传统思想显得略为保守。

（六）现代礼仪的发展

辛亥革命以后，受“自由、平等、民主、博爱”等西方思想的影响，中国传统的礼仪、规范、制度受到强烈冲击，腐朽、落后的礼教逐渐被人们抛弃，符合时代要求的礼仪

则得到继承、完善和发展，同时也接受了一些国际上通用的礼仪形式。1949 年以后，中国逐渐确立了以平等相处、友好往来、相互帮助、团结友爱为主要原则的具有中国特色的新型社会关系和人际关系。改革开放以来，随着与世界交往的日益频繁，一些西方的礼仪、礼节陆续传入我国，同传统礼仪一道融入社会生活的各个方面，构成了我国社会主义礼仪的基本框架。礼仪从内容到形式都在不断变革，现代礼仪进入了全新的发展时期，各行各业的礼仪规范纷纷出台，人们学礼知礼的热情空前高涨。随着社会、科技的进步，现代礼仪必将不断发展和完善。

礼仪文明作为中国文化的一个重要组成部分，对中国社会、历史的发展具有广泛和深远的影响。传统礼仪涉及的范围十分广泛，渗透于古代社会的各个方面。近代以来，礼仪的范畴逐渐缩小，礼仪与政治体制、法律典章、伦理道德等基本分离开来。现代礼仪强调仪式和礼节，简明、实用、新颖、灵活，体现出高效率、快节奏的时代特征。

三、礼仪的理念与含义

礼仪的基本理念是“尊重”。“尊重”是礼仪之本，任何形式的礼仪都是为了表达尊重。

礼仪，就是人们在社会交往中逐渐形成的、大家共同遵守的行为规范和准则。人际交往中的过程就是尊礼、利他的过程。正所谓“己所不欲，勿施于人”，我们要先学会尊重别人，才会得到别人的尊重；要常存敬人之心，常有真诚之意，懂得一个“敬”字，人们就会在彼此尊重中更加友好、和谐地相处。

四、服务礼仪的特点

（一）标准高

服务礼仪的规范、标准要求高。服务行业从业人员必须通过学习、培训，用高标准的语言、行为和流程为服务对象提供优质服务，使人舒适和满意。

（二）真诚热情

礼成于心而行于外，完美的服务应该是发自内心、由内而外的真诚与热情。从业人员具有高尚的职业情怀、爱岗敬业的职业精神，才能为服务对象提供热情周到、耐心主动、细致谦恭、文明礼貌的服务，在服务工作中杜绝推托、应付、敷衍、搪塞、厌烦、冷漠、轻蔑和傲慢等行为。

（三）即时高效

服务对象大多都是匆匆过客，服务礼仪必须人未到礼先到，让来也匆匆去也匆匆的客人感受到舒适和温情的服务，并通过即时高效的文明礼貌服务展示服务形象，赢得良好的声誉。

（四）注重细节

细节决定成败，“勿以恶小而为之，勿以善小而不为”。遵守服务礼仪，就是为服务对象提供优质服务，而优质服务关键在细节，在言谈举止、举手投足、一颦一笑中表达对客人的尊重和敬重。

五、服务礼仪的六原则

服务行业的从业人员在提供服务时应遵守以下原则：

（一）自尊的原则

从事服务行业的员工首先要尊重自己，在服务中不卑不亢，自尊自爱。尊重长辈，关心客户是至高无上的礼仪，也反映出一个人的内在素质和修养。但礼貌待人也需自尊，不以伪善取悦于人。

（二）自律的原则

服务行业的从业人员，为客人提供全方位、优质服务是必备的职业操守。学习礼仪、应用礼仪需要高度自律，用礼仪规范自我要求、自我约束、自我对照、自我反省、自我检查，发自内心地尊重每一位服务对象，有所为有所不为。

（三）从俗的原则

服务的对象是形形色色的，要以服务对象为主，换位思考，提供服务。既要体现“礼之用，和为贵”的基本理念，也要接受、尊重服务对象的风俗习惯和禁忌，做到“和而不同”。

（四）适度的原则

从业人员在提供服务时，应注意把握分寸、适度得体。礼仪是一种程序规范，而程序本身就是一种“度”。礼仪无论是表示尊敬还是热情，都有一个“度”的问题。言谈举止恰到好处，可令对方感到尊重和满意，若没有“度”，就可能进入误区，难免失礼、失敬于人。

（五）平等的原则

尊重服务对象并以礼相待，对任何服务对象必须一视同仁，给予同等程度的礼遇，在服务中不厚此薄彼、不以貌取人，时时、处处平等谦虚地对待每一位服务对象。

（六）宽容的原则

从业人员在提供服务时，既要严于律己，更要宽以待人。宽容是境界高的一种表现，宽容就是豁达、有气量、不计较和不追究。宽容他人不同于己、不同于众的行为；要多体谅、多理解他人，切不可求全责备，过分苛求。

习题

1. 礼仪的本质是什么？你是如何理解的？
2. 服务礼仪有哪些特点？谈谈你对服务行业从业理念的理解。
3. 服务礼仪的原则有哪些？
4. 简述中华传统礼仪的起源和发展。

案例分析

南北朝时期，齐国有一位叫陆晓慧的人，才华横溢、博闻强识，为人更是恭谨亲切。他曾在好几位王的手下当过长史，地位很高。但他对前来拜见的官员，不管官大官小，都以礼相待，一点儿也不摆架子。于是有一个幕僚就问他："陆长史官居高位，不管对谁，哪怕是老百姓也是彬彬有礼，这样实在有失身份，长史何必这样呢？"陆晓慧听了不以为然地轻松一笑，说道："欲先取之，必先予之。我想让所有的人都尊重我，那我就必须尊重所有的人。"

1. 陆晓慧为什么能当好几位王的长史？
2. 陆晓慧"欲先取之，必先予之"的理念对你有什么启示？

模块一　基础礼仪

模块综述

基础礼仪即通用礼仪，是现代服务行业从业人员所必须具备的，包含仪容、着装、仪态、交往、服务语言、特色服务礼仪六项内容。学习基础礼仪，可以塑造端庄秀丽的容貌、规范得体的着装、优雅的仪态，能够在服务中用文明礼貌语言交流沟通，能够在人际交往中有礼有节、温文尔雅，能够在常规服务中通过创新、特色服务提升服务品质。

从社会角度来看，文明礼仪具有极其重要的社会功能，即通过个体礼仪修养的提升，营造文明、和谐、诚信、友善的良好社会氛围。作为社会成员，我们每个人都应该努力学习礼仪知识，提升礼仪素养，讲文明话、做文明事，为构建社会主义和谐社会贡献力量。

本模块的重点是基础礼仪的基本要求及训练方法。

项目一　仪容礼仪

项目介绍

仪容，通常是指一个人的容貌，由一个人的发型、面容以及人体所有未被服饰遮盖的肌肤所构成。仪容礼仪要求仪容美，仪容美包括自然美、修饰美、内在美。美丽端庄的自然之美让人赏心悦目，扬长避短的修饰之美同样会塑造美好的个人形象，高雅的气质和美好的心灵是仪容美的最高境界。真正的仪容美是三者的统一与融合。

保持仪容美，塑造美好形象，提升内在修养，一方面能够帮助人们树立自尊心与自信心，增强社会交往能力和社会适应能力；另一方面，个体对于自身仪容的重视也是尊重社交对象的表现，通过提升仪容来互相表达重视与尊敬，有助于构建互敬互爱的和谐社会。

我们在训练修饰美的同时，必须注重修炼内在美，培养高雅的气质，培育温暖的心灵，使优美的外表与善良的内心表里合一，真正成就自己的美丽人生。

本项目的重点是仪容的修饰。仪容修饰是仪容礼仪的重点，其基本要素是发型美、容貌美、肌肤美，在人际交往时应给对方整洁干净、端庄优雅、精神饱满、充满朝气和活力的印象。为此，需要完成两个任务：一是养成良好的卫生习惯；二是学会修饰容貌。

学习目标

知识目标：

了解服务人员卫生意识、卫生习惯的重要性；

掌握仪容修饰的基本内容、基本要求、基本技巧。

能力目标：

能够按照仪容要求，做好头发、手部、口腔、面部的清洁和保养；

能够熟练地为自己化生活妆和职业淡妆。

素质目标：

养成通过仪容美展示自信、表达尊重的思维理念；

具有良好的卫生意识和卫生习惯；

具有修饰仪容美的观念和能力；

具有心灵美与仪容美内外兼修的理念。

任务1　服务人员卫生习惯养成要素

任务导入

服务行业的从业人员要具有良好的卫生意识和卫生习惯。良好的个人卫生是岗位对仪容的基本要求，也是提升服务品质的基础和前提。那么，服务人员的卫生习惯从哪些方面养成呢?

任务分析

对服务人员的卫生要求是，头发、手、口腔气味、体味等方面要给服务对象留下清新、整洁、干净的印象。所以，良好的卫生意识和卫生习惯是从业人员必备的修养与素质。

任务实施

一、勤洗头

从医学的角度讲，洗发就是护发。勤洗头可以促进头皮的血液循环，令头发富有光泽和弹性，促进头发的生长。

从美容的角度讲，勤洗头可以让头发看上去蓬松而有动感，有利于塑造发型。

从生活角度讲，勤洗头可以让头发飘散清香，增加个人魅力，避免出现油腻味、汗馊味，让人难以接近。

洗发的间隔根据发质油性、中性、干性的不同而定，一般应两天洗一次头，短发、油性发质最好每天洗一次。

二、勤洗手

勤洗手，保持手部光洁、细腻、干净。洗手不可随意，要确保手掌、手背、手指缝、手指关节、手指尖、手腕都清洗干净。每次洗手后都要擦护手霜，勤剪手指甲，手指甲长度不应该超过手指指尖。不可涂颜色艳丽的指甲油。

三、勤洗澡

洗澡可以除去尘土、油污、汗味，促进血液循环，缓解疲劳，使人精神焕发。洗澡的间隔根据季节而定，冬季尽量保证每周两次，有条件最好每天坚持洗澡。勤洗澡、勤换内衣，可令人清爽、舒适、干净。

四、勤刷牙

刷牙，可以保持口气清新，避免“重口味”令人反感；勤刷牙，可以有效防止蛀牙以及牙结石的形成。有条件的话，可以携带便携式牙具，在三餐之后都刷牙；也可以用漱口水漱口。

五、勤洗脚、勤换鞋袜

勤洗脚、勤换鞋袜可以避免脚臭、脚部脱皮、脚癣等疾病。

六、勤更换、熨烫外套

外套要勤更换、勤熨烫，避免衣服的领口、袖口、前襟出现油污、褶皱。

技能训练

手部清洗

实训目的：请大家仔细观察自己的双手，按照洗手的操作要领规范地洗手；擦护手霜，保证手部干净、细腻。

实训准备：洗手液或香皂、洗脸盆、擦手纸巾、护手霜。

实训方法：教师示范，学生分组操作。

实训步骤：

1. 润湿双手并均匀涂抹适量洗手液或香皂；
2. 掌心相对，手指并拢搓揉，洗净手掌；
3. 手心对手背沿指缝搓揉洗净手背；
4. 掌心相对，双手交叉沿指缝搓揉洗净手指缝；
5. 双手轻合成空拳，相互搓揉洗净手指背；
6. 一只手握另一只手的大拇指，旋转搓揉洗净大拇指，交替进行；
7. 将一只手五指指尖并拢，在另一只手掌心搓揉洗净指尖，交替进行；
8. 一只手握住另一只手手腕螺旋式搓揉洗净手腕，交替进行；
9. 用擦手纸巾擦干双手，擦涂护手霜；
10. 观察、比较手部清洗前后的变化。

习题

1. 对服务行业从业人员卫生习惯的养成你有何看法？
2. 服务行业从业人员应该着重从哪些方面培养良好的卫生习惯？
3. 怎样才能养成良好的卫生习惯？
4. 思考良好卫生习惯与表达尊重的内在关联。

案例分析

海滨城市的某五星级酒店，一位香港客人因为有重要谈判，凌晨四点钟就起床，并叫了房间服务，告知在房间用早餐。送餐服务员头发凌乱、睡意蒙眬地敲开房间门为客人送早餐，客人心里非常不高兴，但当时并没计较。然而，客人当天谈判不顺利，心里有气遂迁怒于服务员，回到酒店便找大堂经理投诉。

1. 这位客人为什么会迁怒送餐的服务员？
2. 这个案例给你什么启示？

任务 2　仪容修饰

任务导入

在人际交往中，仪容会引起交往对象的特别关注。作为服务行业的从业人员，仪容适当修饰，不仅有利于客人对自己工作的评价，甚至会影响客人对公司的整体评价。

任务分析

仪容修饰是仪容礼仪的重点，仪容修饰的重点是面部修饰和头发的修饰。适当的仪容修饰可以扬长避短，使自己容光焕发，充满活力。

任务实施

一、面部的保养与修饰

（一）皮肤的特质与保养

1. 中性皮肤：

中性皮肤是健康理想的皮肤，润泽细嫩，对外界刺激不太敏感。保养要点是维持油水平衡。夏季选择乳液护肤，使皮肤保持清爽；秋冬季节选择油性大的霜膏滋养，防止皮肤干燥粗糙。

2. 油性皮肤：

油性皮肤肤色较深，毛孔粗大，油光满面，弹性好，不易衰老。保养的要点是控制油脂分泌和保湿，每天至少洗脸两次，早一次、晚一次，每次至少用油性皮肤专用洗面奶清洗两遍，用清爽乳液保湿护肤。

3. 干性皮肤：

干性皮肤白皙细嫩，经不起风吹日晒，对外界的刺激敏感，容易产生细小皱纹。保养的要点是补充油脂和保湿，早晚要用足量的面霜或营养液滋养皮肤。

4. 混合性皮肤：

混合性皮肤兼有油性皮肤和干性皮肤的特点，面部T区（额头、鼻子、下颌）呈油性，其余部分呈干性。保养的要点是：T区控油，其他部分保湿。

5. 敏感性皮肤：

敏感性皮肤表皮较薄，容易看到红血丝，易过敏。保养的要点是适度清洁，不能过度地去角质，不要频繁更换保养品，要特别注重保湿，注重基本保养。

（二）面部的修饰

1. 面部美的标准：

（1）“黄金分割”。“黄金分割”是指事物各部分间具有一定的数学比例关系，即将一条线段一分为二，其较短一段与较长一段之比等于较长一段与全线段之比，比值约为0.618。这个比例被公认为是最能引起美感的比例，因此被称为黄金分割。椭圆形脸的长宽比近似黄金分割。

（2）“三庭五眼”。“三庭五眼”是脸部美的标准，符合“三庭五眼”的要求就是五官端正。“三庭”是指上庭、中庭和下庭。额头发际线到两眉头连线的距离是上庭；两眉头连线到鼻头底端的距离是中庭；鼻头底端到下颌的距离是下庭。“三庭”比例为1∶1∶1，是面部美的标准。“五眼”则是左右太阳穴发际线之间脸的宽度等于五个眼睛的宽度，两眼之间的宽度等于一个眼睛的宽度，两眼眼尾到太阳穴发际线各有一个眼睛的宽度。大多数人的面部都达不到“黄金分割”和“三庭五眼”的标准，会存在某些缺陷，我们可以通过矫形化妆来修饰和弥补，使面部接近于完美。

2. 面部修饰常用化妆品及其作用：

（1）遮瑕膏：遮盖面部瑕疵。有液状、膏状和条状。

（2）粉底：均匀肤色。有粉底液、粉底膏、粉底霜。

（3）眼影：修饰眼部周围，使之更加有立体感，透过色彩的张力，让整个脸庞妩媚动人。

（4）眼线笔：加深和突出眼部彩妆效果，令眼睛大而有神。

（5）睫毛膏：使睫毛浓密、纤长、卷翘，令眼睛楚楚动人。

（6）眉笔：修饰眉毛。有黑色、咖啡色、灰色系列。

（7）胭脂：也叫腮红，使面颊红润，气色健康。

（8）口红：也叫唇膏，滋润、保护嘴唇，修正嘴唇轮廓，增加女性的面部美感和妩媚。

3. 面部修饰原则：

（1）扬长避短。化妆，一是要突出脸部最美的部分，使其更加美丽动人；二是要修饰、掩盖或矫正存在的缺陷和不足之处。

（2）真实自然。生活妆和工作妆都以淡妆为宜。略施粉黛，给人以丽质、清新、端庄、优雅的感觉。

（3）整体协调。面部的修饰要与发型、服装、配饰协调一致，从而达到整体完美的效果；与身份、场合协调一致，从而达到美化自己愉悦他人的效果。

4. 面部修饰的步骤：

（1）女士化妆步骤：

①打粉底。先清洁面部，做好基础营养护理，然后选择与自己肤色接近的粉底，用海绵扑均匀细致涂抹。

微课 1

打粉底

②画眼影。中国人一般选择大地色系的眼影（咖啡色系、灰色系），眼影要由浅到深，具有层次感。

微课 2

画眼影

③画眼线。紧贴睫毛画。上眼线，从内眼角往外眼角画；下眼线，从外眼角往内眼角画，在 2/3 处收笔。

微课 3
画眼线

④打腮红。选择腮红的颜色要与眼影或唇彩的颜色属于同一色系。善用腮红修饰脸型，可使之接近完美。

微课 4
腮红的修饰

⑤画眉形。找好眉头、眉峰、眉尾的关键点和比例，注意眉头、眉尾轻淡，中间浓；眉毛的上边线虚、浅，下边线实、深。

微课 5
眉毛的修饰

⑥刷睫毛膏。沿睫毛生长方向“Z”字形刷。

微课 6
睫毛的修饰

⑦涂口红。女士可以先用唇线笔勾画出理想唇形，然后涂唇彩。

微课 7
唇部的修饰

（2）男士修面步骤：

①剃胡须；

②修剪鼻毛（包括耳毛）；

③修眉形；

④用无色唇膏润唇。

5. 面部修饰“三不”：

（1）不在公众场合化妆；

（2）不能非议他人的妆容；

（3）不借用他人的化妆品。

二、头发的修饰

（一）头发完美的标准

乌黑紧密、柔顺光亮、富有弹性。

（二）发型修饰的方法

1. 女士头发的修饰：

（1）烫发；

（2）造型；

（3）染发；

（4）假发；

（5）戴发饰。

2. 男士头发的修饰：

微课8

职业盘发

（1）保持清爽精神的短发；

（2）前不遮额头；

（3）两侧不盖耳朵；

（4）后不戳衣领。

（三）发型选择六要素

1. 发型与性别相协调；

2. 发型与年龄相协调；

3. 发型与职业相协调；

4. 发型与身材相协调；

5. 发型与脸型相协调；

6. 发型与服装配饰相协调。

技能训练

（一）仪容修饰

实训目的：女同学根据自己的面部特点，为自己化一款职业妆。

实训准备：分组准备遮瑕膏、粉底、眼影、眼线笔、睫毛膏、眉笔、腮红、口红、化妆棉和卸妆用品等。

实训方法：学生分组操作。

实训步骤：

1. 化底妆；
2. 化眼妆；
3. 口红大量；
4. 腮红。

（二）职业盘发

实训目的：为女同学做一款职业盘发。

实训准备：隐形网、“U”形夹、普通发卡、发胶。

实训方法：学生分组轮换操作。

实训步骤：

1. 扎马尾；
2. 固定隐形网，用隐形网包裹住马尾；
3. 缠绕马尾成发髻，用“U”形夹把缠绕的头发固定住；
4. 用普通发卡、发胶处理碎发。

习题

1. 面部美的标准是什么？
2. 人的面部皮肤按肤质来分有几种类型？保养的重点是什么？
3. 面容修饰常用的化妆品有哪些？
4. 面部修饰“三不”指的是什么？

案例分析

一天，黄先生与两位好友来到某知名饭店小聚。接待他们的是一位五官清秀的服务员，接待服务工作做得很好，可是她面无血色，显得无精打采。黄先生看她精神欠佳，在餐厅昏暗的灯光下显得病态十足，仔细留意才发现，这位服务员没有化工作淡妆。传菜员上菜时，黄先生又看到她的指甲油缺了一块，他的第一反应就是“会不会掉到我的菜里了”。但为了不影响朋友，黄先生没有说什么。用餐结束后，黄先生到柜台结账，而服务员却一直对着反光玻璃补妆，竟然没有注意到客人的出现。自此以后，黄先生再也没有去过这家饭店。

1. 案例中的服务员在仪容上出现了哪些问题？
2. 案例对你有哪些启示？

项目二 着装礼仪

项目介绍

我国素有“礼仪之邦”之称，作为民族传统服饰的汉服，蕴含了中华传统文化的精髓，即“忠、孝、诚、信、礼、义、廉、耻”，是中华文明发展的结晶之一。

汉服是中国汉民族的民族服装，历经几千年的传承，在其文化体系中充分展现出华夏文明中的等级制度、政治体系及儒家思想等。

典型的汉服上衣下裳，上衣由四片布组成，代表一年四季，下裳由十二片布组成，代表一年十二个月，体现了中华文化崇尚天人合一、包罗万象的精神。中缝垂直于地面，代表为人正直，不趋炎附势、阿谀奉承。

《孟子·离娄上》云：“不以规矩，不能成方圆。”汉服通过圆袖方领，体现了天道圆润和地道方正，鞭策每一位身着汉服的人都时刻牢记规矩，上至治理国家，下到为人处世，懂得约束自我，尊重他人，团结集体。

着装，即服装的穿着。它是一种无声的语言，显示着一个人的个性、身份、教养、经济状况、审美水平及心理状态。服务行业从业人员的服装和配饰应得体规范，这既可以表现对服务对象的尊重，反映服务人员良好的素质和修养，又能展示企业良好的精神风貌和管理水平。本项目的重点是着装礼仪。

服务行业的着装礼仪主要就是从业人员的着装规范，为此，需要学习四个方面的内容：着装的基本要求、制服的穿着要求、男士西装的穿着规范、女士西装套裙的穿着规范。

学习目标

知识目标：

了解中国传统服饰——汉服的发展历史、功能及其所体现的文化内涵；

了解服务行业从业人员着装的基本要求；

制服的穿着要求；

男士西装的穿着规范；

女士西装套裙的穿着规范。

能力目标：

能够介绍中国传统服饰汉服的基本结构；

能够根据着装的基本要求规范穿衣；能够规范、正确地穿制服；男士能够正确地穿西装；女士能正确地穿套裙。

素质目标：

具备通过服饰展示人格品质的思维理念；

具有为自己设计、搭配服装的能力；
形成规范、正确着装的意识和习惯。

任务1　工装制服的着装规范

任务导入

张经理多年从事旅游管理工作，总是西装革履，穿戴整齐，十分注意着装。一次出差，他走进一家酒店大厅，发现正在工作的员工着装奇特：男员工有的穿西装配布鞋，有的穿花T恤配短裤；女员工有的穿无袖低胸装，有的穿紧身装。面对此情此景，张经理不禁愕然："什么情况？这是正规酒店吗？员工的穿着竟然这么不伦不类！"

任务分析

服务行业的从业人员应该怎样着装？穿着得体应该掌握哪些基本技能？这是走上服务岗位之前必须面对的基本而又重要的问题。

任务实施

一、工装制服的着装基本要求

（一）制作精良

服务行业从业人员统一制作的正装，务必精工细作，制作精良。设计上应适应工作特点，体现积极进取、奋发向上的精神；式样要雅致，色彩要少，给服务对象留下良好的视觉印象。

（二）外观整洁

服务行业从业人员岗位着装，要求外观整洁，切忌褶皱、残破、污渍、脏物和异味。

（三）穿着得体

服务行业从业人员必须按规定穿着正装，里外搭配得当，避免里长外短或里面的衣服臃肿，露出反差较大的颜色。

（四）懂得技巧

1. TPO原则。TPO是指Time（时间）、Place（地点）、Occasion（场合）。着装要与时间、地点、场合相协调，与环境氛围相一致。着装要应时、应景、应氛围。
2. 三一定律。男士的鞋子、腰带、公文包颜色要一致。
3. 三色原则。全身上下衣服的颜色不超过三种。

二、制服的穿着

制服也叫工装，是从事某种职业的服装，应统一且规范。各个服务行业都有符合自身职业特点的制服，其意义在于：一是代表了企业的形象定位；二是反映出企业及其管理者的文化品位与管理思想；三是可以区别各个不同的岗位，有利于质量管理与监督。在服务工作中，穿着美观、实用的制服，不仅是对服务对象的尊重，更可使穿着者有一种自豪感、责任感、归属感。制服的穿着要注意以下几点要求：

（一）衣服合体

制服必须合身，不漏扣，不掉扣；领带、领结与衬衫领口吻合且紧凑、端正。

（二）清洁挺括

穿着制服要注意整洁，要做到衣裤无油渍、污垢、异味，特别要注意领子和袖口的洁净，要熨烫平整，确保衣裤挺括、无皱。

（三）铭牌规范

铭牌，即标有员工姓名、工号、职务的小牌子，要按规范标准佩戴，一般别在左胸的正上方；挂在胸前的铭牌不能歪斜，应呈一条直线。

（四）饰物佩戴适度

工作制服不应随意搭配其他服饰，穿工装一般不佩戴耳环、手镯、项链、别针等饰品；不随意搭配丝巾、领带。

三、男士西装的穿着

（一）西装的选择

西装是男性服务人员最常见、最得体的正装。选择西装要考虑款式、面料和颜色。

1. 款式：

西装的款式分欧式、英式、美式、日式版型，要根据身材选择合适的款式。

（1）欧式版型西装。欧式西装流行于欧洲大陆，如意大利、法国，基本轮廓是倒梯形，肩宽、收腰、双排扣，适合高大魁梧的身材。

（2）英式版型西装。英式版型西装是欧式版型的变种，基本轮廓也是倒梯形，单排扣，领子狭长，三粒扣居多。

（3）美式西装。美式西装休闲风格、单件居多，基本轮廓为“O”形，宽衣大裤，舒适随意，适合休闲场合穿着。

（4）日式西装。日式西装的基本轮廓为“H”形，单排扣居多，衣后不开衩，适合亚洲男性的身材。

2. 面料：

西装面料要挺括、抗皱，首选毛料。

3. 色彩：

东方男性首选藏蓝色，其次选灰色或棕色。

（二）穿着西装的注意事项

1. 要拆除商标。要拆除西装商标，保持西装外形的平整洁净。若商标没有拆除，会让人笑话。

2. 正确系好纽扣。站立时，单排两粒扣的西装，扣子全部不扣表示随意、轻松；扣上面一粒表示郑重；全扣表示无知。单排三粒扣西装，扣子全部不扣表示随意、轻松；只扣中间表示正宗；扣上面两粒，表示郑重；全扣表示无知。双排扣西装可全部扣，也可只扣上面一粒，表示轻松、时尚，但不可不扣。

就座时，要顺势解开西装纽扣，以防其走样、变形；起身站立时，西装上衣纽扣则应当重新系上，以示郑重其事。

3. 西装口袋少装东西。西装的口袋装饰作用大于实用价值，所以尽量不要装物品，避免西装整体走样。上衣左侧的外胸袋只可以插入丝质手帕做装饰，不应该再放任何东西。钢笔、名片夹可放在内侧的胸袋。

（三）西装配饰的选择

1. 衬衫：

衬衫必须是长袖，白色为首选，蓝色、灰色、棕色、黑色也可考虑，色彩单一，不带图案。面料以高级精纺纯棉、纯毛为主。衬衫的领子必须是硬质的，领口的大小以合领后可以轻松插进一食指为标准。衬衫袖子应比西服袖子长 1~2 厘米。衬衫的下摆要掖在裤子里。

2. 领带：

领带是西装的灵魂，真丝或羊毛制作的领带是最好的。领带应尽量避免浅色或鲜艳的颜色，可采用灰色、蓝色、黑色、棕色、紫红等。图案的选择：圆点给人亲切感，方格活跃大方，条纹尽显睿智。

3. 鞋袜：

鞋袜是足部的正装，若不按礼仪规范穿着，会令自己“足下无光”。黑色系带牛皮鞋是最正式的正装鞋。袜子为长腰、深色纯棉、纯毛制品，最好不带图案。袜子的颜色与鞋的颜色搭配。赤脚穿皮鞋、穿矮腰船袜都是失礼之举。

4. 公文包：

公文包是男士的“移动办公设备”，面料以真皮为宜，牛皮、羊皮为最佳。颜色以黑色、棕色为首选。无用之物不要放在包里，不要装过多物品以致公文包变形。注意公文包、皮鞋、腰带颜色要一致。

5. 手表：

男士手表应外形简单、高贵，避免花哨、繁杂的款式。金色、银色、黑色是最佳选择。

四、女士西装套裙的穿着

（一）套裙的选择

1. 款式：

女士套裙分为四种款型，即 H 型、X 型、Y 型和 A 型。

H 型：上衣宽松、裙子筒式，适合身材丰满者。

X 型：上衣收腰、裙子喇叭形，突显腰部的纤细，婀娜多姿。

Y 型：上衣宽松、裙子紧身，能够遮掩上半身的劣势，突显下半身优势。

A 型：上身紧、裙子宽松，能够修饰下半身的劣势，突显上半身的优势。

女士可根据自己身材的特点选择合适款型。

2. 面料：

套裙，夏季选丝绸、麻纱、亚麻面料，秋冬选薄呢、人字呢、法兰绒面料。

3. 色彩：

素雅沉稳的色彩最佳。套裙的色彩可以是单色，也可以是两种不同的颜色。

4. 图案：

图案简洁大方，如方格、圆点、条纹等。方格充满活力，圆点亲切温婉，条纹冷静睿智，女士可根据自身的个性特点加以选择。

5. 尺寸：

裙长以不短于膝盖上方 5 厘米，最长不超过小腿中部为宜。

6. 点缀：

套裙可以搭配衬衫，并通过领花、丝巾、胸针加以点缀，要简单、精致。

（二）穿着套裙的注意事项

1. 穿着端正。上衣领子完全翻好，衣袋的盖要整理到位，纽扣全部系上。

2. 内饰与套裙相互协调。内饰的衬衣面料要柔软、轻薄，颜色与套裙颜色协调。衬衣的下摆要掖进裙腰。内衣颜色选白色、肉色。衬裙不要过于肥大，颜色与套裙颜色相协调。

3. 注意鞋袜的选择。高跟或半高跟船鞋，牛皮、亚光、黑色最正规，也可以选择与套裙一致的颜色。袜子为高筒袜、连裤袜。

技能训练

（一）男士西装礼仪

实训目的：掌握男士西装的穿着要求和搭配方法。

实训准备：男士西装、衬衫、领带、腰带、皮鞋，手机（用于录像）。

实训方法：教师讲解、学生示范。

实训步骤：

1. 男生分组，以组为单位展示西装、衬衫、领带、腰带、皮鞋、袜子的搭配，说明搭配的理由。

2. 全程录像，大屏幕回放。学生自我评价，教师点评总结。

3. 评选最佳服饰男生若干名。

（二）女士套裙礼仪

实训目的：掌握女士套裙的穿着要求和搭配方法。

实训准备：套裙、衬衫、鞋袜、饰品，手机（用于录像）。

实训方法：教师讲解、学生示范。

实训步骤：

1. 女生分组，以组为单位展示套裙、衬衫、鞋袜、饰品的搭配，说明搭配的理由。
2. 全程录像，大屏幕回放。学生自我评价，教师点评总结。
3. 评选最佳服饰女生若干名。

习题

1. 着装的 TPO 原则是什么？
2. 三一定律是什么？
3. 三色原则是什么？
4. 穿着西装要注意哪三个方面？
5. 衬衫的领口怎样选择才合适？
6. 女士套裙合适尺寸长度如何确定？

案例分析

某酒店约小李面试。小李为此精心打扮了一番：鲜红的嘴唇、时髦的卷发、夸张的首饰、低领紧身吊带装。结果第一轮面试就被淘汰。事后，一位人事主管对她说："一个人不会只因为化了漂亮的妆就得到一个职位，但是我可以肯定地告诉你，却会因为穿错了衣服而失去一个职位。"

1. 小李面试失败的原因是什么？对你有什么启示？
2. 面试时应该如何着装？

项目三　仪态礼仪

项目介绍

仪态也叫仪姿、姿态，泛指人们身体所呈现出的各种姿态，包括举止动作、神态表情和相对静止的体态。人们的面部表情、体态变化、举手投足都可以表达思想感情。仪态是表现个人涵养的一面镜子，也是构成一个人外在形象的主要因素。不同的仪态可显示人们不同的精神状态和文化教养，传递不同的信息，因此，仪态又被称为体态语。为此，需要完成两个任务：一是掌握规范的站姿、坐姿、走姿、蹲姿、递姿、鞠姿、笑姿、引姿；二是学会将仪态礼仪技能转变成良好的生活习惯。

爱美之心人皆有之。人们通过形体的礼仪之美，可以展现纯洁、正直、向上的心灵之美，养成以一言一行、一举一动表现美、创造美、欣赏美的良好习惯，陶冶情操，净化心灵，共同构建崇尚美德、弘扬正气的和谐社会。

但是，成就仪态美不是一朝一夕能够完成的，我们必须努力克服形体训练的艰辛与枯燥，在训练过程中养成坚韧不拔的意志品质、互助协作的团队精神、整齐有序的规则意识，成就职业梦想，开创精彩人生。

学习目标

知识目标：

掌握站姿、坐姿、走姿、蹲姿、递姿、鞠姿、笑姿、引姿的基本要领；

了解站姿、坐姿、走姿、蹲姿、递姿、鞠姿、笑姿、引姿的种类及运用。

能力目标：

增强学生自信心；

能够在服务岗位和社交场合运用规范仪态礼仪；

能够将正确的站姿、坐姿、走姿、蹲姿、递姿、鞠姿、笑姿、引姿培养成职业习惯。

素质目标：

树立正确的人生观和价值观，养成以形态之美展现心灵之美的思维理念；

具有正确的站姿、坐姿、走姿、蹲姿、递姿、鞠姿、笑姿、引姿的规范意识和礼仪素养。

任务1　站姿

任务导入

服务行业从业人员的第一道风景是站姿，标准的站姿会给客人被尊重的感觉，大方、端庄的站姿会让人心情愉悦，体现出服务人员的职业素养。那么，如何培养标准的站姿呢？

任务分析

如果客户去某酒店用餐，门口的引领员站得像军训时一样挺拔，估计客户会以为自己走错了地方，因为过于严肃的站姿在服务场合很容易给客户以不易接近和交流的感觉。同样，如果一个银行女职员在接待客户或与同事交谈时两手插在裤兜里，也会大煞风景，因为这会让人有不规范、不职业的感觉，甚至会质疑她的业务能力。因此，服务人员的站姿一定要大方得体。

任务实施

一、站姿的基本要求

站立姿态应该端正、自然、亲切、稳重。塑造大方的服务形象，站立是最常用的一种姿态。

（一）站姿的具体要求

身体站正、挺胸收腹、腰脊挺直，两肩自然打开下沉，这样脖子就会很舒展；头要摆正，双目平视，面带微笑，但是要微收下颌，这是一种谦逊而且亲切的姿态；双臂自然下垂，两腿尽量并拢，两腿关节与髋关节舒展伸直，女性任何时候都不能分腿站立，身体重心放在两腿之间，肌肉略有收缩感。

1. 头部：

抬头若悬，勿往前或下垂。

2. 下颌：

不宜高扬下颌或过分收下颌。

3. 脖子：

脖子应伸直，与身体形成一直线。

4. 肩膀：

两肩宜平衡、勿高耸，肩应自然并稍微往后。

5. 背脊：

背脊立直。

6. 胸部：

胸直挺，不宜勉强高耸。

7. 腹部：

应收腹，不可突出，保持肋骨上升的姿态。

8. 腰部：

保持腰部挺直，才能显得有精神。

9. 臀部：

收缩臀部的肌肉并往前提，使臀部有结实感。

10. 脚部：

身体重量平均分布于两脚，重心不能落在任何一边的脚尖或是脚跟上。

（二）练习方法

身体靠墙壁站立，让后脑勺、脊背、臀部、小腿和脚后跟成一条直线，后脑勺靠墙，下颌微微收回，双腿绷直尽力贴靠在墙壁上。这时脚后跟抵住墙壁，可以尝试把手掌塞在腰和墙之间，如果刚好塞进去就是非常合适的站姿；如果空隙太大，可把手一直放在背后，然后屈腿慢慢下蹲，直到腰与墙壁之间的空隙刚好放一只手时站直，寻找站立时挺拔的感觉。

微课9
站姿

找到感觉后要经常练习，坚持不懈才能够有挺拔的身姿，养成好的仪态绝对不是一朝一夕的事。

（三）女士站姿

工作场合服务人员的站姿可以传递很多信息，比如工作的专业性、敬业意识、职业素养和专业操守，这些有时通过一个站姿就能体现出来。

1. 服务站姿：

自然挺拔站立，将双臂自然下垂，双手虎口相交叠放于身前（小腹的位置），右手在上左手在下，手掌尽量舒展，两手服帖呈自然的弧度，不能僵硬地重叠放在一起，那样看上去会很做作、刻意，手指伸直但不要外翘，这样的站姿会传达给人一种专业的感觉（见图 1-1）。

“八字步”站姿　　“丁字步”站姿

图 1-1　女士站姿

2. 礼宾站姿：

自然挺拔站立，将双臂自然下垂，双手虎口相交叠放于腰际，右手在上左手在下，拇指可以顶到肚脐处，手掌尽量舒展，两手服帖呈自然的弧度，让别人可以看到女性修长纤细的手指，不要僵硬地重叠在一起，手指伸直但不要外翘，这样的站姿既能够体现出职业特点，又能够恰到好处地表现女性的优美。

3. 交流站姿：

首先要挺拔站立，挺直的脊背会彰显女性的优美身材和端庄的气质，然后右手轻握左手放在腰际，手指可自然弯曲，这样的站姿看上去比较轻松自然，但又不过分随意。

当然，女士的站姿不止手部位置会变化，脚的姿势也是可以变化的。

第一种是“八字步”：双脚跟并拢，脚尖分开，夹角为 15~45 度。

第二种是“丁字步”：也就是在“八字步”基础上，将左脚跟放在右脚的 1/2 处，两脚之间的夹角为 15~45 度。身体的重心要放在前脚掌。

第三种是“3/4 步”：将左脚的脚跟靠拢在右脚的 3/4 处，当然也可以把右脚的脚跟靠拢在左脚的 3/4 处。

这三种脚部的姿势都可以采用，依据具体服务环境和服务情形决定。在相对正式的场合还是“丁字步”比较漂亮，特别是在拍照时，双腿看上去修长挺拔，两腿站直有缝隙的人，站成“丁字步”的时候也会将缺陷完全掩饰。而在其他服务场合则应更多地采用“八字步”，使人看上去既自然又规范。

（四）男士站姿（见图 1-2）

1. 服务站姿：

两脚跟相靠，脚尖展开 45~60 度角，身体重心主要支撑于脚掌、脚弓之上。

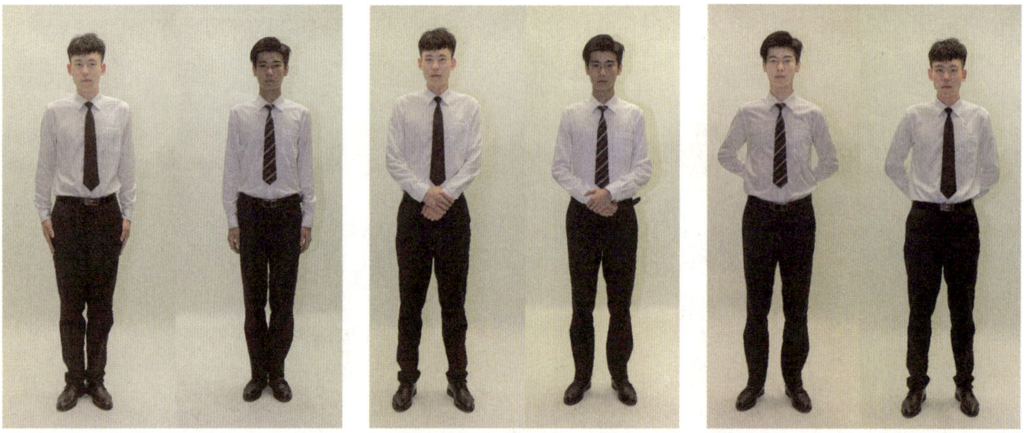

服务站姿　　交流站姿　　礼宾站姿

图 1-2　男士站姿

两腿并拢直立，腿部肌肉收紧，大腿内侧夹紧，髋部上提。腹肌、臀大肌微收缩并上提，臀、腹部前后相夹，髋部两侧略向中间用力。脊柱、手背挺直，胸略向前上方提起。两肩放松下沉，气沉于胸腹之间，自然呼吸。两手臂放松，自然下垂于体侧。脖颈挺直，头向上顶。下颌微收，双目平视前方。

2. 交流站姿：

动作要领是双脚平行不超过肩宽，以 20 厘米为宜，腿部肌肉收紧，大腿内侧夹紧，髋部上提。腹肌、臀大肌微收缩并上提，臀、腹部前后相夹，髋部两侧略向中间用力。脊柱、后背挺直，胸略向前上方提起。两肩放松下沉，气沉于胸腹之间，自然呼吸。左手在腹前握住右手手腕靠近手掌的位置。

3. 礼宾站姿：

动作要领是双脚平行不超过肩宽，以 20 厘米为宜，腿部肌肉收紧，大腿内侧夹紧，髋部上提。腹肌、臀大肌微收缩并上提，臀、腹部前后相夹，髋部两侧略向中间用力。脊柱、后背挺直，胸略向前上方提起。两肩放松下沉，气沉于胸腹之间，自然呼吸。双手在背后腰际相握，左手握住右手手腕靠近手掌的位置。

男士在站立时，不同场合、不同服务环境，两脚站立的姿势也是不同的。

第一种是“V 字步”：两脚跟靠拢，脚尖分开，夹角为 15~45 度。

第二种是“平行步”：两脚分开，比肩略窄，重心在两脚间。

二、站姿的注意事项

1. 不能倚靠在柱子、墙壁或是桌子旁。

将身体倚靠在柱子、墙壁或是桌子旁，容易显得萎靡不振，似乎连自己的身体都支撑不住，又如何能让客户满意和信赖？除非身体情况不允许，否则不要借助外力站立，健康明朗的形象才符合客户的期待。

2. 任何时候女性都不能双腿分开站立。

要知道，女性双腿分开站立的姿态给人的感觉绝不仅是大大咧咧、不拘小节，而且显得粗鲁、没教养。

3. 在站立的过程中不能抖动双腿或晃动上体。

在站立过程中抖动双腿或晃动上体的动作千万不能在职场出现，这会让客户感觉你是一个做事漫不经心的人，同时对工作不重视、不上心。

4. 减少不必要的小动作。

站立的时候要控制无意识的小动作。很多女性服务人员在与人交谈时会不自觉地摆弄衣角、抚摩发梢，殊不知这样的动作出现在生活中可能比较可爱，但在工作场合则显得不够端庄和职业。另外，双手也不要抱在胸前，这种动作往往表示消极、抗议、防御等意思，很难让交谈对象感觉亲切放松。至于双手叉腰站立，则是一种潜意识中带有挑衅或者侵犯意味的举动。还有如摆弄手指或是签字笔等小动作也是不可取的，过多的小动作会让人感到你心不在焉，并让人心烦意乱。所以，当手中没有东西时，可将双手轻握放在腰际，如果手里有东西，则应该端正拿好。

5. 不能驼背含胸。

驼背含胸的姿态使人感觉萎靡不振，穿上再漂亮的衣服站得不够挺拔，看上去也不会好看。尤其是穿职业装的时候，优美的体态与职业的服装才能够相得益彰。站立时不要过于随便，驼背、塌腰、耸肩、两眼左右斜视、双腿弯曲或不停颤抖，都将影响站姿的美观。

站立是人体最基本的也是最重要的姿态，不良的站姿会影响体内血液循环，可能会压迫内脏，导致消化不良，甚至内脏机能变差。反映在形体上，会造成驼背、垂胸、下腹肥胖等情况；反映在外貌上，会出现眼睛模糊无神、皮肤暗淡无光等状况。

技能训练

站姿训练

实训目的：养成良好的站立姿态，为其他仪态动作打下良好的基础。

实训准备：书或本、配有镜子的实训室。

实训方法：学生分成两组，互相检查训练。

实训步骤：

1. 仪容仪表自检及互检；
2. 站姿训练；
3. 平衡感训练：靠墙训练、顶书训练、照镜训练；
4. 小组互评，教师点评。

习题

1. 女士站姿包括哪几种，每种站姿的规范标准是什么？
2. 站姿的注意事项都包括哪些？

案例分析

办税服务厅人群拥挤。一位穿着税务制服的女士风风火火，刚打开门就冲着服务台喊：“哎，小黄，×××公司的人来了没有？”小黄正在服务台接待客户咨询，闻听此言连忙站起来。服务台只做咨询，设在比大厅地面高出 30 厘米左右的台阶上。女士走过来便把右脚踏在了台阶上，右手也顺势扶撑在右腿上。她的动作和身上的职业装搭配在一起是那么的不伦不类，在讲话的时候，右手还时不时在膝盖上来回摩挲……

1. 案例中哪些站姿是不合规范的？
2. 试着演示正确的服务站姿。

任务 2　坐姿

任务导入

过分强调动作美的坐姿，反而会使交谈对象有距离感。坐姿礼仪讲究的是不同场合使用不同的坐姿，从容并且能够营造优雅、融洽的气氛。服务人员的坐姿强调的是大方、端庄，使客户产生受尊重的感觉。那么，如何才是大方、端庄的坐姿呢？

任务分析

正确的坐姿要求是“坐如钟”，即坐要像钟一样端正。正确优雅的坐姿是一种文明行为，它既能体现一个人的形态美，又能体现行为美。本节主要介绍女士和男士的标准坐姿。

任务实施

一、女士坐姿

女士在坐着的时候要膝盖并拢，永远都不能分开双腿，因为这体现了女性的修养；腰脊挺直，双手自然相叠放在一条腿上；背部直立不能完全倚靠在椅背上，坐满椅面的 2/3 即可。应先从座位左侧入座，然后右脚后退半步，感知到椅子的位置，再用右手手背整理裙子，坐下把双手放在一条腿上，动作轻盈而协调，任何时候都不能露出大腿，离开的时候也是从左侧进行。

微课 10
坐姿

（一）正位坐姿

正位坐姿适合大多数场合，具体做法是身体的重心垂直向下，双腿并拢，大腿和小腿成 90 度角，双手虎口相交轻握放在左腿上，挺胸直腰面带微笑。一般在比较庄重的场合应该采用正位坐姿，比如，作为观看演出的方阵，或是重要会议听领导发言等（见图 1-3）。

图 1-3　正位坐姿

（二）双腿斜放式坐姿

在落座后身体的重心垂直向下，双腿并拢，大腿和小腿成 90 度角，平行斜放于一侧，双手虎口相交轻握放在腿上，如果双腿斜放于左侧，手就放在右腿上，如果双腿斜放于右侧，手就放在左腿上，挺胸直腰，面带微笑。拍照、录像时，建议女性采用双腿斜放式的坐姿（见图 1-4）。

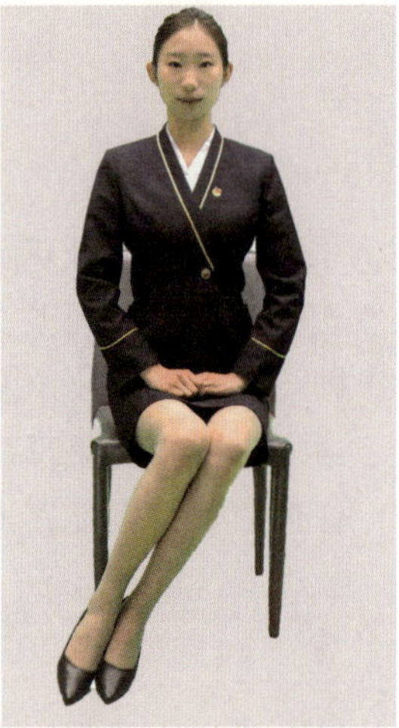

图 1-4　双腿斜放式坐姿

（三）双腿交叉式坐姿

双腿交叉坐姿是一种既舒服又漂亮的坐姿。落座后，将身体的重心垂直向下，双腿并拢，大腿和小腿成 90 度角，平行斜放于一侧后，双脚在脚踝处交叉，双手虎口相交轻握放在腿上，如果双腿斜放于左侧，手就放在右腿上，如果双腿斜放于右侧，手就放在左腿上，挺胸直腰面带微笑。与客户或领导交谈时采用双腿交叉式坐姿，既不会太累，又端庄自然（见图 1-5）。

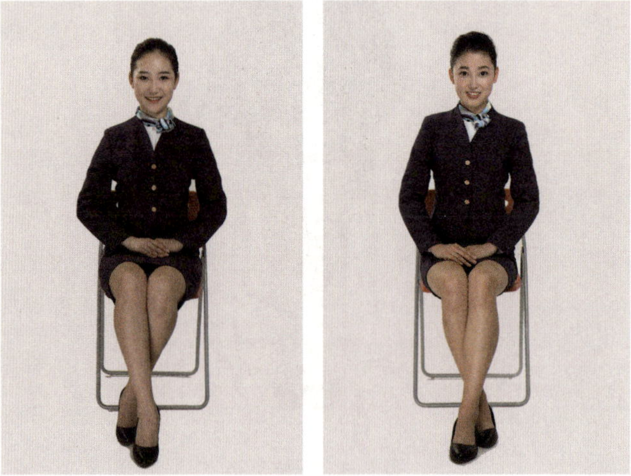

图 1-5　双腿交叉式坐姿

（四）双腿重叠式坐姿

双腿重叠式坐姿是最能体现女性腿部完美曲线的一种坐姿，尤其是坐在矮沙发上更是漂亮且性感。一般情况下女性不跷二郎腿，但坐的时间较长且在非正式场合也可以跷二郎腿，比如在一些室内的圆桌会议上，或者社交场合。方法是先将左脚向左踏出 45 度，然后将右腿抬起放在左腿上，大腿和膝盖紧密重叠，重叠后的双腿无任何空隙，犹如一条直线，双手虎口相交轻握放在右腿上；也可以将右脚向右踏出 45 度，然后将左腿抬起放在右腿上，大腿和膝盖紧密重叠，双手虎口相交轻握放在左腿上（见图 1-6）。

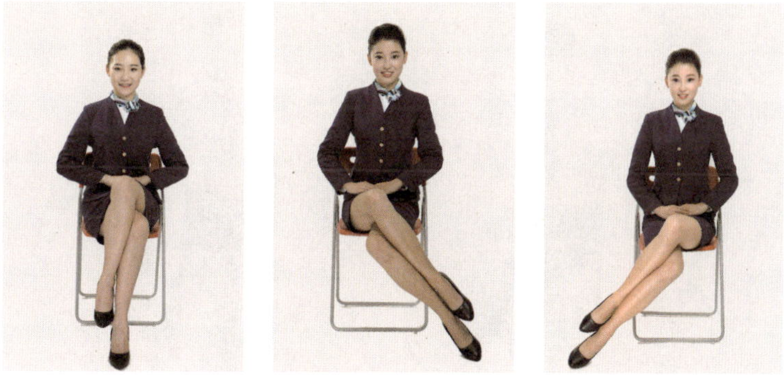

正向重叠式坐姿　　左倾斜重叠式坐姿　　右倾斜重叠式坐姿

图 1-6　双腿重叠式坐姿

二、男士坐姿

（一）正位坐姿

男士的身体重心垂直向下，两腿分开不宽于肩部，稳当坐好，但与人交谈或会面时不要坐满整个椅面，很轻松自然地把手放在双腿上，大腿和小腿成 90 度角，表现出男性的练达和自信（见图 1-7）。不要把小腿交叉蜷缩在椅下，这样显得腿短且姿态窝囊。

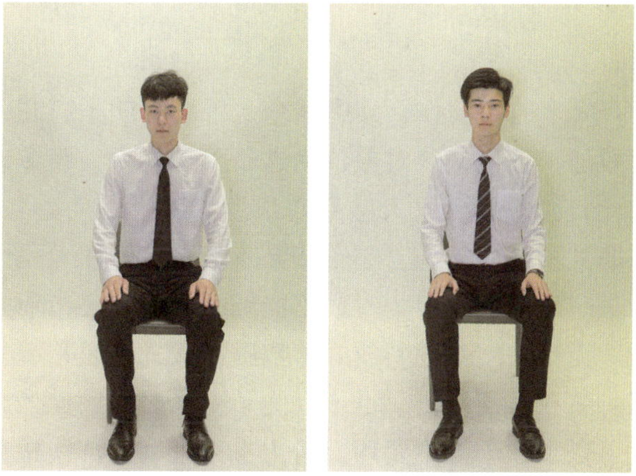

图 1-7　正位坐姿

（二）双腿重叠式坐姿

在正位坐姿的基础上，将右腿抬起放在左腿上（或左腿放在右腿上），双手自然放在架起的腿上，双腿（大腿和膝盖）尽量重叠，不要留出过大缝隙，也不能将腿架成“4”字（见图 1-8）。

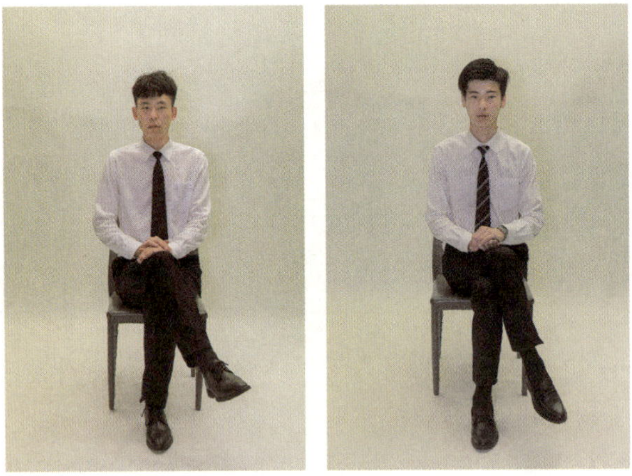

图 1-8　重叠式坐姿

三、坐姿礼仪

（一）体现尊重

与客户交流时不能坐满整个椅面，如果把身子靠在椅背上，脊背因过分弯曲，看上去感觉精神不振，一般坐椅面的 2/3 比较合乎礼节，脊背直立，显得很有精神。在与人交谈时，为表示重视，不仅应面向对方，同时要把整个上身朝向对方，而不仅仅是把头扭向对方。

（二）注意小动作

坐着的时候不能有太多的小动作，其中最令人厌恶的就是抖腿，这是烦躁不安的表现。如果与人交谈时抖腿，会使交谈对象认为这是下逐客令。很多动作都具有传染性和感染性，抖腿尤为如此，会使看到的人感到心烦意乱，或产生莫名其妙的不安。另外，用鞋的高跟敲地也是非常不好的行为，哪怕如鼓点般富有韵律也是令人生厌的，因为这对他人是一种噪声污染。另外，坐着的时候不能频繁更换坐姿，而且更换坐姿的幅度不能过大。与人交谈时，无论采用双腿斜放式、双腿交叉式还是重叠式坐姿，都应该将膝盖朝向对方，而将双脚放在另外一侧。也不要为了更换坐姿而使谈话停顿下来，若无其事地调整腿脚位置就可以了，千万不要用上身力量来带动腿部大幅度地更换坐姿，变换坐姿要轻巧自如，控制住上身仅用腿部力量来完成就可以了。

（三）掌握规则

要注意入座的礼节，一定要请受尊重的人先入座，比如领导、长者、客户，要先请他们入座，然后自己再坐下，并且要记住从椅子的左侧入座，从椅子的左侧离开。入座和离座挪动椅子时要用双手搬起，动作要轻巧，不能拖拉椅子发出很大的响动，如果不小心使椅子发出很大声响，要对其他人表示抱歉。坐下时要顺便整理衣服，但不能坐下以后反复拽拉裙子，不断欠身整理衣服是很不雅观的。如果有裙角被压在身下，也要不动声色地略微欠身整理，上半身仍要保持相对稳定。

技能训练

坐姿训练

实训目的：入座、离座；手势、脚位符合礼仪标准，优雅大方。

实训准备：椅子、配有镜子的实训室等。

实训方法：学生分成两组，互相检查训练。

实训步骤：

1. 仪容仪表自检及互检；
2. 练习正确的入座、离座姿势；
3. 坐姿上身练习；
4. 坐姿腿位脚位练习；
5. 小组互评，教师点评。

习题

1. 女士坐姿包括哪几种，每种站姿的规范标准是什么？
2. 男士坐姿包括哪几种，每种站姿的规范标准是什么？

案例分析

王女士到某银行办理业务，但是她没携带身份证，所以想用驾驶证办理业务。

柜员一边摇晃着电脑椅一边给她讲："您提交的证件是非有效证件并且已超过有效期，请你去换证或把户籍证明带来再办理业务。"王女士请求能不能通融一下，她熟记自己的身份证号码，问可不可以先办完业务再补送身份证来。但面对来回转悠的柜员，她感觉一直捕捉不到柜员的脸，本来就心急，对方还在那左转右转，让她特别心烦。

这时柜员再度由左转到右说："您再来若还要排队，我们可为您优先办理。"王女士没有再说一句话，愤怒地去找大堂经理了。

1. 王女士为什么会生气？
2. 柜员哪里有问题？

任务3　走姿

任务导入

很多人认为走是一个运动的过程，不像静止的站立那么引人注目，其实走姿最能体现一个人的心情、态度和修养。

任务分析

高雅的人，看背影就知道；从容的人，听脚步就知道。走姿是构成一个人气质的重要方面，行走如流云，不急不缓，时刻保持身体舒展，仪态优雅，气质也会随之提升。本节我们来训练标准、优雅的走姿。

任务实施

一、走姿动作要领

走路时目光平视，头正颈直，挺胸收腹，两肩自然下垂前后摆动，前摆向里 35 度，后摆向后约 15 度，要保持平稳，从腰部以下行动，双手要协调摆动。行走时，身体重心略向前倾，重心落在前边的脚掌，腹部和臀部要向内提，由大腿带动小腿向前迈进，脚跟先接触地面，着地后身体重心立刻前移至前脚掌，行进中身体的重心不断前移，行走轨迹为一条直线（见图 1-9）。女性的步幅为 30 厘米左右，男士的步幅为 40 厘米左右。

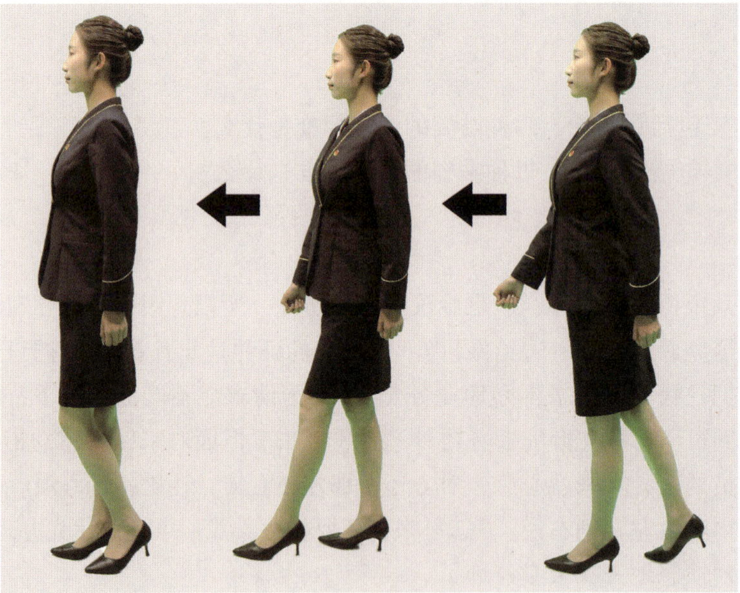

图 1-9　走姿

二、行走的训练方法

1. 要练习腰部力量。

行走属于动态美，是全身协调性运动，其中腰部的控制力是至关重要的。练习时，双手固定于腰部，脚背绷直，踮脚正步行走，不需要额外找场地、找时间，随时都可以练习。

2. 良好身姿体现在背部。

脊背是行进中最美妙的音符，因此要练习脊背和脖颈的姿态。头顶上放一本书，保持脊背伸展，头正、颈直、目平，起步行走时，身体略前倾，身体的重心始终落于前边的脚掌上，前边的脚落地、后边的脚离地的瞬间，膝盖要伸直，脚落下时再放松。

3. 要练习脚步，内八字和外八字不可取。

在地上画一条直线或利用地板的缝隙练习，两脚内缘的着力点力求落在直线两侧，通过不断练习，保持好行走的轨迹和稳定性。

4. 要进行全身的协调性训练。

要使行走中身体的每一个部分都能呈现出律动之美，步伐要矫健、轻盈，富有稳定的节奏。

三、行走礼仪

（一）二人同行

行走的规则是以右为尊、以前为尊。比方说，和客户或上司一同行走的时候，就应该站在他们的左侧，以示尊重。如果是一位男士和一位女士同行，那么就应该遵照男左女右的原则。

（二）三人同行

三人都是男性或都是女性。以中间的位置为尊，右边次之，然后是左边。

如果是一位男士和两位女士同行，那么男士应该在最左边的位置。

如果是一位女士和两位男士同行，则女士在中间。

很多人一起行走时，以前为尊，按照此原则向后排序。

（三）室外行走

室外行走时，应该请受尊重的人走在马路的里侧。

如果道路比较拥挤狭窄，应该注意观察周围情形，照顾好同行的人。同时要保持良好的仪态，不能因为在户外就左顾右盼、四处张望或是拉拉扯扯，不论多么熟悉的同事和客户，在大庭广众之下也应该保持端庄仪态；如果人群拥挤不小心碰到、踩到或绊倒他人，要及时道歉，并给予必要的帮助。如果别人无意识地碰到或妨碍到自己，应小心提醒并予以体谅。

（四）道路上行走

在公共道路行走时，不能三人以上并排，三人以上并排行走会妨碍其他的行人和车辆通行，同时也是不安全的。到达电梯口、车门口或房门口时，男性应该快走两步为女士服务；在不太平坦的道路或是上下比较高的台阶行走时，男性也应该适当帮助女士。“女士优先”是国际通行的礼仪规则，也是一种绅士行为。

（五）乘坐滚梯

乘梯可将左侧留给急行的人，突发意外时也可让救援人员可以快速通过。不可取的是三三两两并排站立在扶梯上，即便后边的人急得跺脚，前面的人仍悠然自得地聊天。

四、不受欢迎的走姿

1. 要注意手臂的摆动，千万不能夹着手臂走动。

用小臂带动大臂自然摆动，幅度大概是前摆向里 35 度，后摆向后约 15 度，摆动手臂的时候，肩膀不要摇晃。不能把手抱在胸前或是倒背着双手走路。

2. 走路的时候不要不抬脚，脚步拖拉在地上。

脚步拖拉在地上是一种很消极的身体语言，如果在工作场合，这种消沉的姿态很容易传导给同事或客户不良的感觉，使大家不愿意与你接近。同时也不能低着头或是耷拉着眼皮走路，这同样给人一种不积极的感觉。身在职场要始终表现出自信、练达和对工作的热情。

3. 走路时不能把地板踩得“咚咚”作响。

要根据场地及时调整脚步的轻重缓急，遇到紧急的事情，可以用加快步伐频率的方式提速。

4. 女性不要岔开双腿走路，

女性岔开双腿走路显得很粗鲁。同时，应尽量走直线，以地板的接缝线作为参照，双脚落在线的两边，用脚的内侧贴线即可，速度要均匀，不能走得过快。走路的速度、幅度都应控制得当。

技能训练

走姿训练

实训目的： 行姿的基本要领、各种场合的行姿要求，做到行走仪态优雅、轻盈、稳重而有节奏感。

实训准备： 书本、动感音乐、配有镜子的实训室等。

实训方法： 学生分成两组，互相检查训练。

实训步骤：

1. 仪容仪表自检及互检；
2. 练习腰部力量，双手掐腰；
3. 练习颈背挺直，头顶书行走；
4. 修正脚步、脚位；
5. 训练全身运动的协调性；
6. 上下楼梯训练；
7. 设定陪同引导训练；
8. 变向行走训练；
9. 小组互评，教师点评。

习题

1. 走姿的动作要领包括哪些？
2. 行走礼仪的训练方法有哪些？

案例分析

王女士去北京金融街一个著名的写字楼办事，乘坐电梯到一楼的时候进来了一个女孩子。只见这个女孩先是拿着电梯当镜子照了又照，接着又开始打电话，肉麻、甜腻，令人汗毛竖起。她的举动令王女士惊讶不已。

终于下电梯，王女士发现这个女孩似乎与自己去往同一家公司，看着她扭动的腰肢，令人不敢相信她是一个职业人士。到了公司才知道她是这家保险公司的营销人员。王女士对这家保险公司的印象不禁大打折扣。

如果你是这个女孩会怎么做？

任务 4　蹲姿

任务导入

见到坐轮椅的人、小朋友或者是行动不便的客户，需要蹲下来和他们讲话，这体现了尊重、体贴和关怀，那么，什么样的蹲姿符合礼仪要求呢？

任务分析

在日常生活中，人们对掉在地上的东西，一般习惯是弯腰或蹲下将其捡起，而身为服务人员，也要像普通人一样随意弯腰蹲下捡起是不合适的。本节我们将学习正确的蹲姿和礼仪。

任务实施

一、职业蹲姿的基本规范

（一）高低式蹲姿

职业人士在工作场合应该采取高低式蹲姿，这种姿势非常漂亮，最重要的是，女性在穿裙子时采用这种蹲姿也会比较安全（见图 1-10）。

图 1-10　高低式蹲姿

1. 动作要领：

下蹲时，左脚在前，右脚稍后，两脚平行，两腿靠紧向下蹲。左脚全脚着地，小腿基本垂直于地面，右脚脚跟提起，脚掌着地。右膝低于左膝，右膝内侧靠于左小腿内侧，形成左膝高右膝低的姿势，臀部向下，基本上以右腿支撑身体。

2. 拾取物品：

由于服务工作需要下蹲捡拾物品时，一般左手放在左膝上，右手拾取，需拾取物品在身体哪一侧就用哪只手去捡。当然，如果在行进中有物品掉落，则不拘泥于这种规则，只要控制好下蹲的角度，哪只手去捡都可以。

3. 拍照姿态：

若是拍照等其他需要长时间保持蹲姿的场合，则双手虎口相对轻搭在一起放在左膝上，要使手指尽量舒展，不要蜷缩在一起或使劲绞握在一起。

如果是护士或工作时间比较长的职业女性，在下蹲时还可采用以下三种蹲姿。

（二）交叉式蹲姿

女士可采用交叉式蹲姿。下蹲时右脚在前，左脚在后，右小腿垂直于地面，全脚着地。左膝由后面伸向右侧，左脚跟抬起，脚掌着地。两腿靠紧，合力支撑身体。臀部向下，上身稍前倾（见图 1-11）。

图 1-11　交叉式蹲姿

（三）半蹲式蹲姿

这种蹲姿多用于行进之中临时采用。在下蹲时，上身稍弯下，但不能与下肢构成直角或者锐角，身体的重心放到一条腿上（见图 1-12）。

图 1-12　半蹲式蹲姿

（四）半跪式蹲姿

半跪式蹲姿多用于下蹲时间较长时。下蹲时一腿单膝点地并脚尖着地，另一条腿则应全脚着地，小腿垂直于地面，双膝应同时向前，双腿尽力靠拢（见图 1-13）。

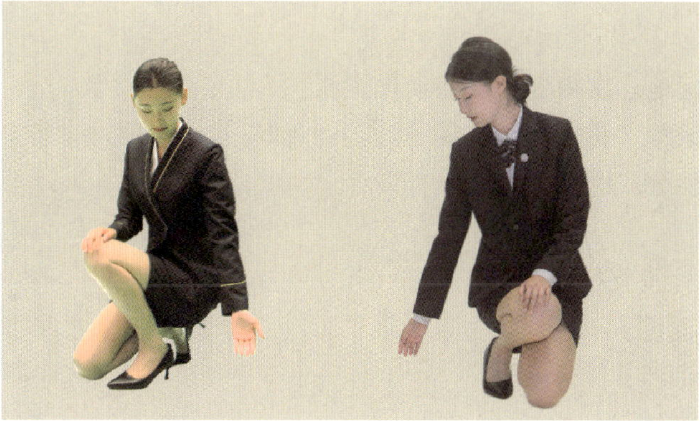

图 1-13　半跪式蹲姿

二、蹲姿练习方法

蹲姿的练习方法是：在站姿的基础上，右脚后退一小步，两腿靠紧下蹲，保持脊背挺直下蹲，左腿高右腿低，再将左手放在左腿上，右手拾取地上的物品，然后小腿和脚用力平稳起身。

三、蹲姿礼仪

1. 蹲下的时候，目光要先有所示意。

“蹲”的过程要优雅职业。蹲下的时候，要目光先有所示意，千万不要唐突蹲下，令对方不知所措。在下蹲的时候动作应该保持一贯的频率，不能生硬下蹲。

2. 如果是拾捡物品，就要站在需拿取物品的旁边，然后屈膝下蹲。

拾捡物品时，物品在哪一侧就将哪一侧的腿放低，用手去拾拿物品，另一侧的手放在同侧的膝盖上。但捡拿物品的时候不要低头弓背，下蹲的时候要保持腰部的控制力，不要弓腰，以免上衣上提，露出腰部的皮肤或是内衣。两腿应合力支撑身体，保持好身体的重心，臀部不能向上翘起，防止走光，也避免不雅的姿态。

3. 高低式蹲姿，女士的两腿应并紧。

虽然高低式蹲姿两膝不能完全并拢，但女士的两腿要尽力并紧，穿着旗袍或职业短裙时，要需要格外注意双腿之间不留空间，并且下蹲时要避免双腿面向对方，采取侧向对方的角度。

4. 在由蹲姿变为站姿的时候，不要用手撑着大腿站起。

用手撑着大腿站起易给人以疲惫拖沓的印象，站起时应轻松自然起身，可从容、隐蔽地撑腿用力，而不是用幅度较大的明显方式来借力。

微课 11
蹲姿

5. 下蹲后应尽快起身。

长时间蹲在地上是不雅观的，尤其是蹲在地上休息，更是不可取的。

技能训练

蹲姿训练

实训目的：正确地运用蹲姿，确保动作优雅、大方、端庄。

实训准备：笔记本、钥匙扣、有镜子的实训室等。

实训方法：学生分成两组，互相检查训练。

实训步骤：

1. 仪容仪表自检及互检；
2. 高低式蹲姿训练；
3. 交叉式蹲姿训练；
4. 半蹲式蹲姿训练；
5. 半跪式蹲姿训练；
6. 蹲姿拾物训练；
7. 小组互评，教师点评。

习题

1. 如何进行蹲姿训练，提升自身修养？
2. 职业蹲姿方式都有哪些？

案例分析

某超市工作人员小王正站在梯子上码放货品。这是一家会员店，物品大多不会拆箱销售，所以补货工作量很大。这时一名年纪较大的顾客走了过来，问某品牌的麦片在哪里？小王站在梯子上用手指了指离客户四五米外的位置说：“在那边。”

顾客按照他的指示走了过去，好一会儿也没有找到。于是又再次向小王询问。

1. 如果你是小王，应该如何为客户服务？
2. 小王应该注意仪态举止的哪些方面？如何做才符合礼仪规范？

任务 5　递姿

任务导入

在社会交往中，递接名片、递接物品很常见。巧递名片、物品，使之发挥重要的“攻心”作用，可让你在交际中事半功倍。什么样的递姿是规范的呢？

任务分析

本节主要学习递接物品的手势原则和基本要求，并将递接物品的礼仪熟练地运用在工作和生活中。

任务实施

一、递接物品的基本原则

递接物品时，要用双手递送，并且身体主动向前，稳妥地递送到对方手中。递送的物品要方便对方拿取，把尖刃或是不便于接拿的一端朝向自己，将方便接拿的一侧朝向对方，确保其可以顺利、方便地接拿。接拿客户递过来的物品时，应主动上前，稳妥接拿，姿态稳定不轻浮。另外，使用双手接物最为规范（见图 1-14）。

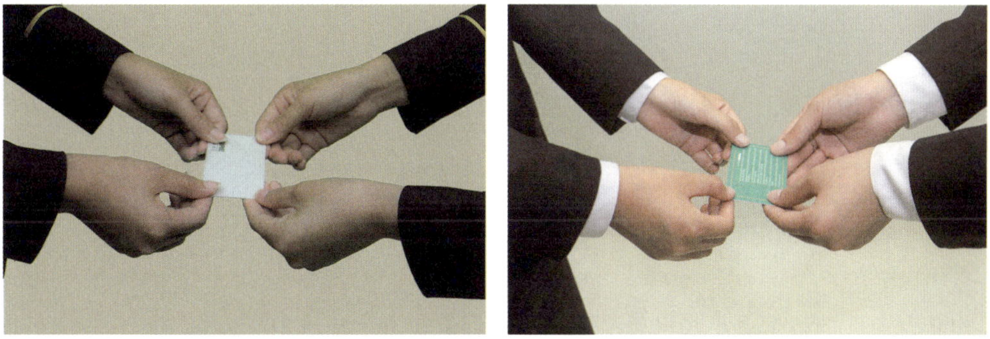

图 1-14　递名片

二、递接物品的具体要求

1. 递送文件或单据给客户。

递送文件或单据要用双手递交，具体方式是拇指在上、四指在下稳妥捏拿住文件，注意用目光示意，而后面带微笑递送到对方手里。需要对方签字或着重阅读某个部分时，应使用前伸式手势指示给对方，并用语言准确说明需对方配合的事项。

2. 递送物品（笔、剪刀）给客户。

递送物品应尽量使用双手，并将物品的手柄或是对方易于接拿的一端朝向对方，将方便留给客户。如果物品较为锋利或是尖锐，应在递送前用语言提醒，如“请小心”。

3. 递送零碎物品（曲别针、大头针）给客户。

零碎物品不能直接递给客户，应把散碎小物品放在一张纸或可承载的物品上双手递给客户。

4. 接取客户递送的物品。

应采用走上前或前倾身体表达出“主动”的意愿，然后用双手接取。

5. 优雅规范的手势运用，需要与目光和身体语言相配合。

应该面带微笑，身体略微前倾，以表示对客户的尊重。

技能训练

递姿训练

实训目的：递送物品的动作规范。

实训准备：笔记本、托盘、剪刀等，有镜子的实训室。

实训方法：学生分成两组，情景模拟，分角色训练。

实训步骤：

1. 仪容仪表自检及互检；

2. 递送物品训练：牢记“双手为宜、递到手中，主动上前、方便接拿、尖端向内”的原则；

3. 设定情景，分角色训练；

4. 小组互评，教师点评。

习题

1. 简述递接物品的基本原则。

2. 简述递接物品的具体要求。

案例分析

电信营业厅的咨询员小张每天都要接待几百位客户。她尽力问候每一位客户，但因为经常有客户围在她身边咨询，有时还需要指导客户使用自助设施，便感觉分身乏术，实在没办法兼顾好迎宾工作。正因为这样，常常有客户投诉，认为营业厅的咨询员不尽职，不能礼貌问候客户。

小张很委屈，她只有一张嘴，怎么可能既解答问题又问候每位客户？

1. 如果你是小张，应该如何为客户服务？你会采用哪些方法来弥补有声语言的不足，从而提高服务质量？

2. 如何做才能使工作更为快捷有效？

任务6　鞠姿

任务导入

在人与人最初相见的短短几秒钟或是几分钟里，殷勤的服务态度往往是通过亲切友好的问候来传达的。我们如何才能运用好身体语言来传达亲切友好的服务态度呢？

任务分析

本节主要学习鞠躬的含义、鞠躬的顺序以及鞠躬的动作要领，并熟练地将鞠姿礼仪运用在工作和生活中。

任务实施

一、鞠躬礼的含义

鞠躬礼起源于中国的商代，那时有种祭天仪式“鞠祭”，猪、牛、羊等祭品弯卷成圆的鞠形，然后祭祀，以此来表达恭敬与虔诚。后来人们为了表达对地位崇高者或长辈的崇敬，低身弯腰，象征愿意把自己坦露和奉献给对方，这就是鞠躬这一礼节的由来。

鞠躬可以表达尊重之情、礼貌之意，可以传达友谊，表示谦虚、感谢、道歉等情感，是内心思想的一种外在表达方式，行鞠躬礼是向他人表示尊敬、重视的一种礼节。《论语·乡党》有：“入公门，鞠躬如也，如不容。”现在，一些比较庄重正式的场合或一般的社交场合，比如晚辈见到长辈、学生见到老师，或者演讲、演出者对观众的掌声和支持表示感谢时都行鞠躬礼。这种身体上郑重的表达往往可以恰当地表现出鞠躬者的心情。

二、鞠躬的顺序

鞠躬的顺序应该是由地位较低的一方先向受尊敬的一方施以鞠躬礼。地位较低的人鞠躬的角度略微大一些，用身体的弯曲度来表达内心的尊重之情。在比较庄重盛大或是人数众多的场合，鞠躬的角度要适当大一些。其实，鞠躬的角度、表情和姿势最能体现一个人的修养。对服务人员而言，应该主动向客户行鞠躬礼，客户可以用欠身、点头、微笑等方式予以还礼。

三、鞠躬的动作要领

（一）女士动作要领

女士采用基本站姿，身体立正站好，双脚跟并拢，脚尖微微打开15度角，以髋部为轴，上身直立随轴心运动向前倾斜，目光随之落在自己身前1～2米处或对方的脚尖上。女士鞠躬时要保持手部位置基本不动，在行礼时要稍微停顿一下，再慢慢抬起头，这样会给人以很恭敬的感觉。行礼后抬头时一定要看对方的眼睛，且应该保持笑容。如果是深度敬礼，从角度上讲，是将上半身向前倾斜 90 度，在鞠躬的同时，女士的双手保持基本重叠的姿态随身体前倾下滑至膝盖处。注意手的滑动不可先于倾身，这样容易造成脊背不直。起身后保持基本站姿。这种姿势通常是用来向他人表示诚挚谢意或深切道歉等。

（二）男士动作要领

身体立正站好（如两腿分开，在鞠躬时应首先并拢，鞠躬结束可再分开），脚跟并拢，两臂伸直放在身体两侧，中指贴于裤缝，鞠躬过程中手势基本保持不变，以髋部为轴，上身随轴心运动向前倾斜，目光随之落在自己身前 1~2 米处或对方的脚尖上。行礼时要稍微停顿一下，再慢慢抬起头，这样会给人以很恭敬的感觉。行礼后抬头时，一定要看对方的眼睛，且应该保持笑容。如果是深度敬礼，从角度上讲，是将上半身向前倾斜 90 度，双手可随身体的前倾下滑至膝盖的两侧，注意手的滑动不可先于倾身，这样容易造成脊背不直。这种姿势通常是用来向他人表示诚挚谢意或深切道歉等。

鞠躬礼通常是根据施礼的原因、对象、场合来决定鞠躬的度数。将上半身向前倾斜 30 度常用于一般性的欢迎、问候；45 度是用于感谢、告别时；90 度大礼则是用来向别人表示感谢或道歉等，或是在重大的场合采用（见图 1–15）。

30 度鞠躬　　45 度鞠躬　　60 度鞠躬　　90 度鞠躬

图 1–15　鞠躬

（三）鞠躬礼仪

行鞠躬礼也是有讲究的，如果接受鞠躬礼，应以鞠躬还礼，正所谓“来而不往非礼也”。有时，我们在电视上会看到一些比赛，选手比赛结束时主持人向他们鞠躬说：“辛苦了，休息一下。”正确的做法应该是回礼给主持人，然后面向主持人后退三四步再转身离去。但并不是所有的鞠躬都要回礼，如果是上级或者长者，可不必鞠躬还礼，而是用欠身点头或握手答礼。

一般而言，鞠躬礼施用一次就可以，不要反复鞠躬。礼数的周全不是靠数量来体现，而是靠恰当的礼节和得体的表达。

技能训练

鞠姿训练

实训目的：正确鞠躬行礼，动作规范。

实训准备：桌子、椅子、有镜子的实训室等。

实训方法：学生分成两组，情景模拟，一组扮演客人，一组担任服务员，分角色训练。

实训步骤：

1. 仪容仪表自检及互检。
2. 训练者两两相对，身体立正，目光平视，自然微笑。练习 15 度、30 度、45 度、60 度、90 度鞠躬。
3. 设定情景，角色轮换训练。
4. 小组互评，教师点评。

习题

1. 详细介绍鞠躬的顺序。
2. 请说明男士鞠躬和女士鞠躬的动作要领。

案例分析

日本人讲礼貌，行鞠躬礼是司空见惯的。

一天，一位中国留学生来到了日航大阪饭店的前厅。那时正是日本国内旅游旺季，大厅里宾客进进出出，络绎不绝。一位手提皮箱的客人走进大厅，行李员立即微笑地迎上前去，鞠躬问候，并跟在客人身后问客人是否需要帮助提皮箱。这位客人也许有急事，嘴里说了声“不用，谢谢”，头也没回径直朝电梯走去。而那位行李员朝着客人匆匆离去的背影深深地鞠了一躬，嘴里还不断地说：“欢迎，欢迎！”

这位留学生看到这一情景困惑不解，便问身旁的日本经理：“当面给客人鞠躬是为了礼貌服务，可那位行李员朝客人的后背鞠躬又是为什么呢？”

“既是为了这位客人，也是为了其他客人。”经理说。

“如果此时那位客人突然回头，他会对我们的热情欢迎留下深刻印象。同时，大堂里的其他客人看到了，他们会想，当我转过身去，饭店的员工对我也会一样礼貌。”

1. 当面鞠躬热情问候是为了什么？
2. 背后鞠躬虔诚备至是为了什么？

任务7　笑姿

任务导入

前期的学习，学生已经知道礼仪的首因效应，认识到良好个人形象在社交和工作中的重要性，并掌握了如何从仪容仪表，站、坐、走，举手投足等方面去塑造自己良好的个人形象。本节将进一步从表情——微笑入手，学习举止礼仪。

任务分析

本节主要了解微笑的作用，认识微笑的重要性，在人际交往时，学会用微笑给人留下良好的第一印象，并在将来的服务工作中学会把微笑服务贯穿始终，提升服务质量。

任务实施

一、微笑的作用

1. 微笑会给人良好的第一印象，促进人际交往。

人们经常通过表情去判断你的内心世界。在与人接触的最初几十秒，我们能做的就是微笑。面带微笑，说明心情愉快，乐观向上，这样的人会产生吸引别人的魅力，消除彼此的陌生感，能拉近彼此距离，容易被人接受，令人愿意与之交往。这就是我们常说的亲和力。

微笑是一种自然的表情，微笑表达的意思是：我很高兴见到你，我很喜欢你。它传递了愉悦、友好、和蔼的信息，给人以亲切、善良、热情、愉快的感受，能为彼此交往建立一个和谐的氛围。微笑是人际交往中最基本、最常用的礼仪，是世界通用的语言。

2. 微笑使人越来越有魅力。

微笑地对待别人，是一种礼貌；微笑面对生活，是一种人生态度。只有在困难、挫折面前仍然保持微笑，保持乐观心态的人，才能战胜困难，成为真正有内涵、有品位、有气质、有修养的人，随着岁月的历练越来越有魅力。

3. 微笑是人际关系的润滑剂。

人际交往中难免产生隔阂，微笑具有化干戈为玉帛的作用。一般情况下，当人与人之间产生纠葛的时候，一方若能以微笑面对另一方，往往不会进一步激化矛盾。

4. 服务工作的需要——微笑服务。

微笑服务已经在世界各地和多种行业中引起广泛重视，成为商界、服务行业竞争的有效武器。特别是服务行业，都要求从业者微笑服务。连锁巨头沃尔玛要求员工“三米微笑”：当顾客走到员工三米范围之内的时候，要注视顾客，面带微笑，露出八颗牙齿，与顾客打招呼，并询问能帮助顾客做什么。

二、微笑的运用

表情反映一个人的内心世界，微笑是最美的表情。但是如果微笑是僵化的，就失去了灵动和生气。

1. 微笑要把握时机。

微笑是人际交往中常用的礼仪，但要注意场合，严肃庄重、悲痛伤感的场合是不能笑的。

2. 把握微笑的层次。

微笑的程度不同，有浅浅一笑、眼中含笑，也有热情、开朗的微笑。我们在什么时候用什么样的微笑，不可能也不应该有什么具体的标准，应根据交流情况和个人特点自然、真实地有感而发。

3. 注意微笑的时间。

微笑大约不超过 3 秒钟为宜，时间过长会给人假笑的感觉。注意微笑的启动和收拢动作要自然，切忌突然启动和突然收拢。实际上，微笑的启动和收拢的过程中也蕴含着微笑的表情，并不是只有微笑是微笑。

4. 微笑是多部位协调的动作表情。

人的表情是我们的眉、眼、鼻、口、齿以及面部肌肉所进行的协调运动。微笑要做到“三笑三结合”。

（1）眼笑：眼型、眼神——传神、亲切；

（2）嘴笑：嘴角、语言——留下最佳印象；

（3）心笑：内心充满温柔、善良的情感——感染力。

三、微笑服务

服务工作中有迎客—为客服务—送客的环节。很多服务人员“三米微笑”做得很好，但在后两个环节有所懈怠，导致服务质量整体不高。我们应该把微笑贯穿服务工作始终，做到三个微笑：

（一）迎接客人的微笑

迎宾“三米微笑”原则：

（1）动作标准。眼神接触、面带微笑、双手自然地摆放在身前或身后，点头、行鞠躬礼。

（2）语言标准。“您好，欢迎光临！”

（3）原则。令顾客知道我们留意到他并欢迎其光临。

（二）服务中的微笑

无论你在哪一个岗位，无论你面对的是哪一个人，无论你是一线还是二线，你必须面带微笑服务于每一个人。即使你受了委屈，也要面带微笑。

（1）动作标准。眼神接触、微笑点头。

（2）语言标准。“先生/小姐您好！对不起，让您久等了，很高兴为您服务。”

（3）原则。令顾客感到宾至如归。

（三）送别客人的微笑

客人离开时，服务员应主动用微笑送别客人，向客人说送别语，让客人高兴而来，满意而归。

（1）动作标准。眼神接触、面带微笑、行鞠躬礼，须走在客人的后面，目送客人离开。

（2）语言标准。“感谢光临，请走好，欢迎下次光临！”

（3）原则。令顾客感受到关怀无时不在，感受到我们的热情。请记住：把微笑服务贯穿服务过程的始终。

四、微笑的训练

（一）诱导法

同桌、同学之间互相通过一些有趣的笑料、动作引对方发笑。

（二）情绪控制法

通过回忆自己曾经美好的往事，幻想自己将要经历的美事引发微笑；强迫自己忘却烦恼、忧虑，假装微笑。时间久了，次数多了，就会改变心理的状态，发出自然的微笑。

（三）口型对照法

通过一些相似的发音口型，找到适合自己的最美的微笑状态，如“哆”“咪”“咪”等（见图 1-16）。

哆　　咪　　咪

图 1-16　口型对照法

（四）筷子练习法

用上下牙轻轻咬住筷子，看看自己的嘴角是否高于筷子；咬着筷子，嘴角最大限度地上扬；也可以用手指按住嘴角向上推，使嘴角上扬到最大限度。保持状态，拿下筷子，这时就是你微笑的基本脸型，能够看到上排八颗牙齿就可以了。再次轻轻咬住筷子，发“YI”音，同时嘴角向上向下反复运动，持续 30 秒。拿掉筷子，察看自己微笑时的基本表情。双手托住两颊从下向上推，并发出声音反复数次。放下双手，数“1、2、3、4”，也要发出声音。重复 30 秒结束。详见图 1-17。

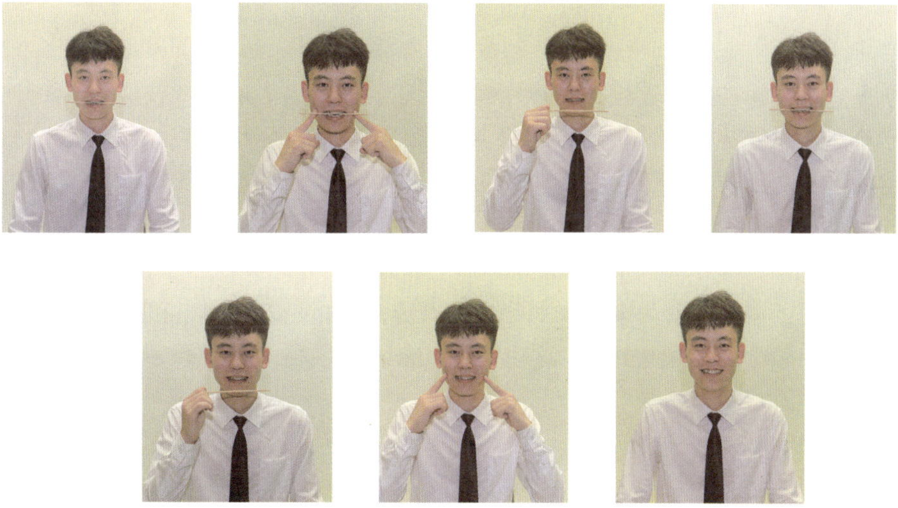

图 1-17　筷子练习法

技能训练

笑姿训练

实训目的： 正确地微笑，做到目光、微笑与各种仪态的完美结合。

实训准备： 面巾纸或湿巾、筷子、配有镜子的实训室等。

实训方法： 学生分成两组，互相检查训练。

实训步骤：

1. 仪容仪表自检及互检。
2. 笑姿嘴角训练：咬筷子训练、当众练习法、阳光心态练习法。
3. 小组互评，教师点评。

习题

1. 准备一面镜子，通过镜子观察自己，寻找和发现自己最美的表情。

2. 用一张纸挡住眼睛以下的部分，试着从自己的眼里看到微笑的表情，练习“眼中含笑”。

3. 不好意思张开嘴，露出牙齿吗？拿一根筷子咬住，看看自己是不是微笑的表情。

4. 你今天笑了吗？——请向你的同桌微笑一下！——你会得到什么？

任务 8　引姿

任务导入

假设教育局要到我校进行听课调研，学校准备选四名学生做引导员，负责来宾的引导接待工作，你们能正确完成引导工作吗？

任务分析

教学重点：掌握在走廊、楼梯、客厅、电梯正确引导客人的接待技能。
教学难点：引导技能在四个场合的综合运用。
教学关键：做到两个“到位”，即教师示范到位、学生训练到位。

任务实施

接待客户时，通常需要为客户做引导或进行方向的指引与邀请。迎接客户的时候，简短的问候之后一般会说“里边请”“这边请”“您请”之类的引导语言，并且通过一系列细微的肢体语言进行明确引导。

一、引导位置

引导人员原则上站在客户的左前方，距客户 0.5~1.5 米，传达“以右为尊、以客为尊”的服务理念，客户人数越多，引导的距离也应该越远，以免有厚此薄彼、照顾不周之嫌。

二、引导语言

引导客户时要有明确而规范的引导语言：“您好，这边请。”如果需要转弯则说：“您好，请向左/右转。”在引导过程中要尽量使用敬语，以表达对客户的尊重，要始终注意语言的交流，并且关注客户的表现，及时做出提醒。比如有台阶时要及时提醒“请小心台阶”，或者地板刚刚擦过也要提醒客户“请小心脚下”等，确保客户安全。引导语言的作用是问候、引导、提醒，确保客户心情舒畅、安全到达。

三、引导手势

引导时大多使用“前摆式”手势，四指并拢，拇指靠向食指，手掌伸直，由身体一侧自下而上抬起，以肩关节为轴，到腰的高度再由身前左方或右方（视指引方向和客人位置而定）摆去，手臂摆到距身体 15 厘米，并不超过躯干的位置时停止，目视来宾，面带微笑。详见图 1-18。

四、引导礼仪

（一）走廊处

行进于走廊时，引导人员应走在客户一两步之前，让客户走在道路的中央线，自己走在走廊一侧，与客户保持一致；要时时注意后面，走到拐角处一定要先停下来，转过身说“请往这边来”，然后继续行走。如果引导人员走在内侧，应放慢速度；如走在外侧，则应加快速度。遇有转弯时，应使用横摆式或回摆式手势为客户做出引导。

（二）楼梯处

引导客户上楼时，应该让客户走在前面，接待人员走在后面；若是下楼，应该由接待人员走在前面，客户走在后面。上下楼梯时，接待人员应该注意提醒客户注意安全。走到

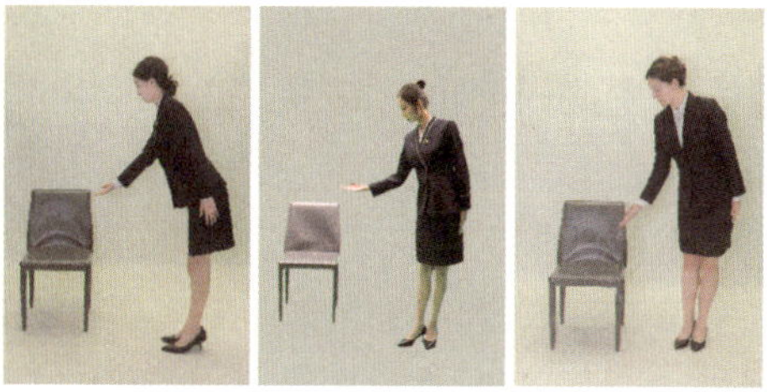

低位手势
（斜臂式——请坐）

中位手势
（横摆式——请坐）

高位手势
（直臂式——请往前走）

屈臂式
（里边请）

图 1–18 引导手势

每一楼层时一定要先停下来说“这是第×楼”，然后再继续引导前行。

（三）电梯处

电梯处的引导有两种情况：

1. 引导至电梯口。

如果只有一位客户，引导人员用靠近电梯按钮一侧的手指按动按钮，请客人进入，客户进入后道别。如果有两位以上客户，引导人员与电梯门成 90 度角站立，用更靠近电梯门一侧的手采用直臂式手势护梯，另外一只手用回摆式手势邀请客户进入。

2. 陪同进入。

如只有一位客户上下电梯，则让客户先上下。引导人员用靠近电梯按钮一侧的手指按动按钮，请客户进入，然后紧随进入，并站到电梯内控制钮附近，身体背对电梯壁，与电梯门成 90 度角。如有两位以上客户上电梯，则要先说“不好意思，请稍等”，然后走进电梯，按住按钮开关，用另外一只手邀请客户进入。下梯时，按住按钮说“您先请”，等客户都走出去后，再走出去继续引导。

（四）会客厅里

引导人员用前摆式邀请引导客户前行，在行进途中需及时用斜下摆式手势提醒客户小心行走，以避免客户在滑湿的地面滑倒。客户走入会客厅后，接待人员用前摆式手势指示请客户坐下，看到客户坐下后，才能行点头礼后离开。如客户误坐下座，应请客户改坐上座，比如指示给客户某个固定的座位，说明之后要用手势引导，在固定的位置处加以停顿，同时观察客户有没有理解。这个过程就体现出肢体语言的优势，同时要说“请这边坐”等敬语。

（五）开门和关门

引导客户时，如果是手拉门，引导人员应先拉开门说“请稍等”，再用靠近把手的手拉住门，站在门旁，用回摆式手势请大家进门，自己最后进屋把门关上。如果是手推门，引导人员推开门说“不好意思，请稍等”，然后先进屋，握住门后把手，用横摆式手势请客户进来。引导人员身体的一半应露在门外，而不应仅从门后探出头来。

五、注意事项

微课 12
引领礼仪

1. 引导人员的步速要适中，

不能太快也不能太慢。既不能让客户一路小跑，也不能让客户迈不开步伐。

2. 不要在出口处停留过长。

引导时，不要在门口、机场出口、车站出口等地方停留时间过长，应及时引导客户行走，避免走散，要时时关注客户是否在视线内，以免出现引导人员已到达、客户却未到的尴尬局面。

技能训练

引姿训练

实训目的：掌握正确手势和指引的动作规范。

实训准备：配有镜子的实训室等。

实训方法：学生分成两组，互相检查训练。

实训步骤：

1. 仪容仪表自检及互检；
2. 分组训练横摆式、斜臂式、直臂式、曲臂式等不同手势的指引动作；
3. 分角色、分小组，设定引领、指引方向、请坐、指示物品等不同的情景训练；
4. 小组互评，教师点评。

习题

1. 引导时通常采用什么方式的引姿？
2. 引导员离客人多远距离合适？
3. 引导时需要注意哪些问题？

案例分析

（一）

某证券公司的客户经理小申陪同客户去银行办理业务，该银行位于一高档写字楼，电梯中有人值守，小申有些无措，不知该如何体现自己的礼貌，他也不好抢着操控电梯，电梯里还有陌生人，这让他很难体现出对客户的尊重。

1. 上文所述情况下，引导人员怎样做才更得体？

2. 在这种情形下，如果你是客户经理，会怎样做？

（二）

苏小姐打算跳槽，因为她有丰富的人力资源管理经验，有不少企业都邀请她面试。

一天，苏小姐前往一家外资企业面试，她对这家企业非常感兴趣，希望面试能够有一个好的结果。来到前台，接待人员礼貌询问，并通过电话让人力资源经理核实，之后就继续做其他工作了。这让苏小姐很纳闷，此刻的局面让她颇为尴尬，看接待小姐的样子似乎有什么问题。

大概十几分钟过去了，苏小姐有些不悦："怎么回事？经理怎么说，你得有个回复啊！理也不理，你就自顾自忙开了？!"苏小姐越说越激动。这时走过来一个人："苏小姐吧，我是人力资源部的郝立，人力资源部的李总接到电话后让我专门下来接您。"

1. 苏小姐为什么会控制不住情绪？

2. 你认为接待人员哪里做得不够好？

项目四　交往礼仪

项目介绍

交往礼仪是人们在人际交往过程中所具备的基本素质和交际能力。在日常生活和工作中，我们离不开与他人的交往。通过交往，人们可以沟通心灵，增进友谊，获得理解、支持与帮助；通过交往，人们可以共享信息、资源，有助于工作顺利、事业成功、生活愉快；掌握必需的交往礼仪，用礼仪规范指导自己的交往过程，有助于表达对对方的尊重与友善，增进彼此的好感与信任。为此，本章需要完成两个任务：通联礼仪、社交礼仪。

在社会活动中，交往礼仪可以说是一种行为规范，它没有法律约束力，是通过道德理念和个人修养的自律自觉性来进行自我约束，因而也可认为是一种道德规范。作为现代社会的一员，我们不仅要懂得交往礼仪知识，更要做到知行合一，将礼仪知识内化为自身的道德修养和行为准则，外化为日常的一言一行，明礼于心，尚礼于念，以礼导行，以礼束行。以礼为准绳构建互敬互爱、互谅互让的文明和谐社会。

学习目标

知识目标：

熟知通联的礼节；

熟知交往时的礼节：称呼、问候、介绍、握手、递接名片、拜访、送客、位次礼仪的规范。

能力目标：

能够合乎礼节地使用电话、手机、传真/电子邮件、信函、博客、微信等进行交流；

能够合乎礼节地称呼、介绍、致意、递接名片、拜访、送客以及安排位次。

素质目标：

知行合一，用礼仪标准规范日常言行的理念和意识；

具有对外交流、交往的素质和能力。

任务1　通联礼仪

任务导入

信息时代，人们的沟通联络方式丰富而高效，不用见面就可以进行交流。常用的沟通联络方式有哪些呢？

任务分析

当下常用的通联方式主要是电话、手机、电子邮件、博客、微信等。通联的语言、态度甚至表情图标直接构成了服务质量的一部分，影响着服务对象对服务产品、服务机构的评价。通联服务时，应做到彬彬有礼，语言得体，声音自然、亲切，表情图标令人愉悦。

任务实施

一、电话礼仪

（一）拨打电话礼仪

1. 拨打电话前的要求：

（1）备好电话号码及其他联系方式，如手机、传真、QQ、微信等。

（2）想好通话内容，列好通话提纲。

（3）确定好适宜通话的时间。

2. 拨打电话时的要求：

（1）亲切的问候。用清晰、圆润、友好的声音问候对方。

（2）恰当地自我介绍，并记住对方的全名、所在部门名称及单位的全称等。

3. 通话中的要求：

（1）声音清晰悦耳，语速、音量适中，语言文明。

（2）态度亲切自然、礼貌恭敬。

（3）内容紧凑，讲话干脆利索，不吞吞吐吐、东拉西扯。

（4）主次分明。

（5）重复重点。

（6）积极呼应，恰当回应对方："好的、清楚、明白、是的。"

（7）万一打错电话，要道歉，说"对不起""打扰您了"，不可直接挂断电话了事。

4. 通话结束时的要求：

（1）再次重复重点。

（2）暗示通话即将结束。

（3）代向他人问好。

（4）相互礼貌道别。

（二）接听电话礼仪

1. 及时接听。

电话铃响后，第三声接起最为合适。如果铃响四声再接起，应该说"对不起，让您久等了"，并说明迟接电话的原因，取得对方的理解，便于进一步的交流。

2. 认真记录。

电话旁要准备好笔和纸，用于记录来电时间，来电人的姓名、单位、电话号码，来电内容等信息。电话记录要精心保管，重要的电话记录尤其是涉及行业秘密的，要严格保密。

3. 告知对方自己的姓名、身份。

接听电话时要主动自报家门，告知对方自己的姓名、身份。

4. 音量适中，声音悦耳。

音量适中，不过高也不过低；语速不快不慢。声音圆润悦耳，音量适中，语速不过快也不过慢。

5. 恰当回应对方。

能够恰当地回应对方的提问。

6. 重复一遍关键词，进一步确认。

重复时间、地点、事由、数字等关键词，进行再次确认。

（三）代接电话礼仪

1. 接办公电话：

如果对方不是找自己，应该问清楚找谁，若要找的人在场，用手轻捂话筒，询问其是否方便接听。若要找的人不在场，不能简单地以“他不在”为由终止电话，最好问清事由。

2. 当对方要找的人就在附近：

要告知对方“请稍等”，然后立即去找。切忌大声喊人，或让对方等候过久。

3. 若对方要找的人不在：

应告知对方，并询问对方：“请问是否需要帮您转达？”若需转达，询问对方的姓名、电话，认真记录并重复一遍，确保记录准确无误。同时告知对方自己的姓名，让对方放心。代接电话后要及时、快速转达。

4. 当对方要找的人不方便接听电话：

告知对方不方便接听电话的原因，请对方稍后再打过来。

二、手机礼仪

手机作为移动通讯工具，是当前人们使用最频繁的电子通信工具，沟通、联络非常方便。使用手机时，应注意以下几方面的礼仪：

（一）置放到位

携带手机时，应将其放在合乎礼仪又便于拿取的位置。通常，男士的手机应放在公文包或西裤侧袋里，女士手机应放在手袋里，切忌长时间将手机拿在手里或挂在脖子上。

（二）保持通畅

保证手机话费、电池电量充足；更换手机号码应及时通报交往对象，确保联络通畅。

（三）铃声设置得当

切勿选用过分怪异、夸张、个性的铃声。铃声不宜过大，以免影响他人。

（四）注重场合

使用手机时应注意场合，以免给他人带来不便。

1. 公共场合。

在公共场合，手机应当调至静音、震动；不可旁若无人地使用手机且高声说话。

2. 工作期间。

工作期间，不应该因私使用手机。

（五）注意安全

（1）开车时，不要使用手机通话或者查看短信、微信，保证驾驶安全。

（2）在加油站、油库等易燃场所，禁止使用手机，确保安全。

（3）飞机飞行期间，手机开启飞行模式或关机，确保飞行安全。

（4）手机充电时，不建议使用，确保人身安全。

三、收发传真、电子邮件礼仪

（一）收发传真礼仪

（1）代客人发传真：要做到准确、快捷、细心、周到，杜绝差错。

（2）代客收传真：应认真、仔细核对发送方的地区号、传真号，确保无误。

（3）发送传真：要先与对方联系，通知对方接收，并礼貌致谢。

（二）收发电子邮件礼仪

（1）电子邮件正文的格式和写信一样，注意开头、结尾的格式以及礼貌称呼。

（2）电子邮件的内容要简明扼要，一目了然。

（3）电子邮件发送成功应立刻通知对方查收。

（4）收到电子邮件应及时查看、及时回复，便于对方确认。

四、信函礼仪

（一）邀请函礼仪

邀请函的内容包括：邀请的单位或个人，问候，邀请参加的活动名称、时间、地点、活动内容，要求回复的时间、方式，邀请单位，日期。范例如下：

×××先生：

　　您好！

　　第××届国际服装节定于××××年××月××日××时在大连星海会展中心举行。届时，我们将邀请来自世界各国的业内人士，共同探讨服装流行趋势和品牌孵化的国际交流与合作的问题。为此我们恭候您的光临。

　　何时光临，望××××年××月××日前来电告知。

　　电话：××××-××××××××

　　传真：××××-××××××××

大连国际服装节组委会

××××年××月××日

（二）感谢信礼仪

书写感谢信时，要求清楚、准确地表达要感谢的人物与事件，真诚表达感激之情。范例如下：

×××公司：
对贵公司的邀请和盛情款待我非常感谢。谢谢贵公司为我提供了周到细致的工作帮助以及生活上的便利。
×××
××××年××月××日

（三）柬帖礼仪

柬帖是一种礼貌性的书面通知，用来表达敬意。送柬帖，一是表达对客人的尊重；二是表明邀请者的态度；三是对客人起到提醒、备忘的作用。因此要注意请柬的设计和制作礼仪。

1. 书写请柬。要注意称呼得当，格式正确，时间、地点、主题、邀请单位等要写清楚，并表达期盼光临之情。

2. 寄送请柬。要合理把握时间：过早，容易淡忘，起不到预期的效果；太晚，给对方安排日程造成麻烦。范例如下：

×××先生：
兹定于××××年××月××日××时在×××酒店三楼宴会厅举行宴会以庆祝我公司成立5周年。敬请光临。（凭柬入座）
地址：××市××路××号
×××公司
××××年××月××日

（四）贺卡礼仪

贺卡外观精美，使用方便，充满感情色彩。在贺卡上写几句祝福语，哪怕只是几个字，都会温暖、鼓舞人心。贺卡上一般应写清被祝贺者的姓名、祝贺词、祝贺人姓名、祝贺的时间等。范例如下：

×××女士、×××先生：
恭贺你们结婚30周年。祝你们生活幸福，爱情永驻，相依相伴，携手共度美好人生。
好友：×××
××××年××月××日

五、博客礼仪

虽然身处虚拟空间，使用博客也应遵循相关礼仪：

（一）尊重原作者

博客文章原作者明确注明“不可转载”的，出于对他人劳动的尊重就不要转载了。如果确实想分享，可转发链接，让他人自己看原文即可。

（二）回复

博主应当在他人评论后做简单回复，但坚决杜绝在博文和评论中谩骂、攻击、威胁、中伤他人。

六、微信礼仪

（1）积极点赞：点赞应本着礼尚往来的态度，多给朋友鼓励。

（2）不要轻易拉黑别人：这样做不仅会很失礼，也可能会失去友谊。

（3）不要随意拉别人进群：加朋友进群，事先要跟群主打个招呼。

（4）能打字的尽量别发语音：文字一目了然，也节省阅读时间。

（5）注意发消息的时间：不要在半夜或清晨发，别人休息时间里不要发，以免打扰别人休息。

（6）能私聊的不群聊，避免扰众：能私聊的不群聊，一来避免扰民，二来保护隐私。

（7）不要表情包狂轰：不要用表情包在群里肆意刷屏。

（8）不要强行要求别人发红包：不强行要求别人发红包，抢到红包第一时间表示感谢。

技能训练

（一）接、打电话礼仪

实训目的：掌握接、打电话礼仪，能熟练运用礼貌用语与客户进行交流沟通。

实训准备：每组电话两部。

实训方法：情景模拟法，教师设定情景，学生按情景要求设计电话应答过程。

情景1：

万林公司张经理正在开会，公司的合作伙伴奥特公司的李总来电话找张经理。请演示秘书杨帆接电话的情景。

情景2：

万林公司秘书钟萍接到长城贸易公司王总电话，说航班延误，下午才能到达机场，到时从机场直接去展销会现场，不知道怎么坐车，请钟秘书告诉他。

情景3：

你接到一位客户的电话，客户情绪非常激动，言辞激烈，抱怨他买的电视质量不好。显然这位客户打错电话了。你该如何应答？

实训步骤：

1. 本次实训在情景模拟实训室进行。
2. 学生两个人一组。模拟情景抽签决定。
3. 每个学生都要演示一次秘书角色，限时3分钟。

（二）手机礼仪

实训目的：掌握接、打手机礼仪，能熟练运用礼貌用语与客户进行交流沟通。

实训准备： 自备手机。

实训方法： 学生自行设计场景，自行分配角色。

实训步骤：

1. 学生两个人一组，以小组为单位进行练习。
2. 同学表演，同学互评。
3. 教师点评。

习题

1. 简述接、打电话礼仪的内容。
2. 简述手机礼仪的内容。
3. 简述博客礼仪的内容。
4. 简述微信礼仪的内容。

案例分析

张教授应邀到某单位举办一场关于“职业道德与行为规范关系”的专题讲座。讲座开始前，主持人提醒大家把手机调成振动、静音或关机，可是在张教授讲课的过程中，会场时常响起手机声，主持人不断用手势提醒大家关闭手机，甚至打断了张教授的讲座来维持会场秩序。

对此，你有何感想？

任务2　社交礼仪

任务导入

社交礼仪是人们在交往时应遵循的规范。合乎规范的称呼、问候、介绍、握手、名片、拜访、送客以及安排各种位次是对亲朋、同事或其他有关人员的尊重。这些规范在社会交往中经常使用，不可或缺。

任务分析

称呼、问候、介绍、握手、递名片、拜访、送客以及安排各种位次都有约定俗成的礼仪规定，合礼的交往会令交往对象感到愉快、亲切，促进双方感情的交流。

任务实施

一、称呼礼仪

（一）常规称呼

1. 称呼姓名：

同事、同学、平辈的朋友、熟人，通常以姓名相称。

（1）直呼对方姓名，常用于平级的同事之间。
（2）只称其姓，不呼其名，通常在姓的前面加上“老”“大”“小”。
（3）只呼其名，不称其姓，通常限于同性之间，且常用于上级称呼下级。

2. 称呼职务：

称呼职务，表示对其敬意有加。
（1）仅称呼职务，如“处长”“经理”等。
（2）职务前加姓氏，如“王经理”“张院长”。
（3）职务前加姓名，如张家兴主席、王丰成局长。

3. 称呼职称：

对于有职称者，尤其是高级、中级职称者，直接称呼职称以示尊敬。
（1）只称呼职称，如“教授”“医师”。
（2）在职称前加姓氏，如“王教授”“杨总工”。
（3）在职称前加姓名，如李敏教授、王平研究员。

4. 称呼学衔：

以学衔称呼，可增加学术的权威性。
（1）直接称呼学衔，如“博士”。
（2）在学衔前加姓氏，如“赵博士”。
（3）在学衔前加姓名，如“李刚博士”。

5. 称呼职业：

直接称呼被称呼者的职业，如“老师”“律师”“会计”“医生”，可以在职业称呼前加姓氏或姓名，如张医生、赵军律师。

6. 称呼亲属：

亲属的称呼约定俗成。

（1）对自己亲戚谦称。辈分高或年龄长者，可在其称呼前加“家”字，如“家父”“家叔”。辈分低或年龄小者，可在其称呼前加“舍”字，如“舍弟”“舍侄”。称自己的子女，可在其称呼前加“小”字，如“小女”“小儿”“小婿”。

（2）对他人亲属敬称。对他人长辈，称呼前加“尊”字，如“尊父”“尊兄”。对其平辈或晚辈，称呼前加“贤”字，如“贤侄”“贤妹”。称呼前加“令”字，不分辈分与长幼，如“令堂”“令爱”“令郎”。

7. 性别称呼：

称呼男性为“先生”，称呼女性为“小姐”或“女士”。对未婚女性称呼“小姐”，已婚女性称呼“夫人”，对于不了解婚否的女性称“女士”。

（二）称呼的技巧

1. 初次见面更要注意称呼。

比如，对方是副总经理，可隐去“副”字；若对方是总经理，万万不可为了方便把“总”字去掉而变为经理。

2. 关系越熟悉越要注意称呼。

对于十分熟悉的人，万万不可忽视对对方的称呼，尤其是在有其他人在场的情况下，要称呼对方的姓氏加职务或加职称，如丛医生、张教授、王律师等。

二、问候礼仪

(一) 致意礼

致意是常用的礼节，表示问候，在各种场合都可以使用。

1. 点头礼：

路遇熟人又不宜交谈、同一场合多次见面、遇上多人无法一一问候之时，施点头礼：面带笑容，头向下轻轻一点。

2. 举手礼：

远距离遇到相识的人，施举手礼：右大臂向前伸直，掌心向前，拇指分开，四指并拢，轻轻向左右摆动一两下。

3. 注目礼：

在举行升国旗、检阅、剪彩、开业揭牌仪式时，施注目礼：立正、抬头挺胸、双手自然下垂贴放身体两侧，表情庄重严肃，双目正视被施礼对象。

4. 拱手礼：

拱手礼也叫揖礼，是我国民间传统的会面礼。向长辈祝寿、向友人祝贺结婚、生子、晋升、乔迁，向亲朋好友表示感谢时，施揖礼：起身站立、上身挺直、两臂前伸，双手在胸前高举抱拳，左手在上右手在下，自上而下或者自内向外，有节奏地晃动两三下，微笑问候与施礼同时进行。

5. 合十礼：

合十礼流行于佛教地区以及我国傣族聚居区，目前很多人士也用以表达尊重。向长辈施礼：双手合十，将手放于胸前，深鞠躬，鼻子轻触中指。向同辈施礼：双手合十，将手放在胸前就可以了。

6. 脱帽礼：

戴着帽子的人，在升国旗、奏国歌，进入他人居所，路遇熟人时，施脱帽礼：主动摘下帽子，并置于适当之处；行礼完毕再戴上帽子。女士在社交场合可以不脱帽。

(二) 鞠躬礼

鞠躬就是弯身行礼，以示恭敬。鞠躬的程度不同，表达的意思不同。

15 度鞠躬：表示致谢。

30 度鞠躬：表示诚恳和歉意。

45 度鞠躬：表示深切敬意。

90 度鞠躬：表示诚挚谢意或深切道歉等。

行鞠躬礼时，须脱帽、立正、面带笑容、目视受礼者。男士双手自然下垂，贴放于身体两侧裤线处；女士的双手下垂搭放在腹前。以腰为轴上身前倾，前倾的幅度根据施礼对象和情况、场合而定。

三、介绍礼仪

介绍是交往中的重要环节，是彼此不熟悉的人开始交往的起点。

（一）介绍的基本礼仪

1. 介绍时，要向对方打招呼，使双方都有思想准备。

2. 介绍时应注意先后顺序，遵守“尊者优先”的原则。先将职位低的人介绍给职位高的人；先将晚辈介绍给长辈；先将男士介绍给女士；先将主方介绍给客方；先将后到者介绍给先到者。

3. 介绍时注意先职位后年龄、先年龄后性别的原则。面对一位职位低、年长的女士和职位高、年轻的男士，做介绍时，应该将女士介绍给男士。

4. 介绍时，面带微笑热情地注视对方，被介绍方应起身站立趋前微笑，目视对方，点头示意。

5. 介绍者位于中间，介绍时用右手掌指向被介绍的一方，眼睛看着另一方。

6. 被介绍者应趋前主动问候，见对方有握手之意，要积极与之呼应。握手时可以进行简单的寒暄、问候，互递名片等。

（二）自我介绍

在必要的场合，可把自己介绍给他人，使对方认识自己。正确地利用自我介绍可广交朋友、扩大自己的交际圈，做好自我展示、自我宣传。

1. 自我介绍的时机：

对方有空闲、没有外人在场、周围环境比较幽静、较为正式的场合，是介绍自己的最佳时机。

2. 自我介绍的方式：

（1）应酬式自我介绍，其适用范围十分广泛，可以是公共场合，也可以是社交场合。自我介绍的目的就是为了确认身份，介绍的内容应少而精，只介绍姓名即可。

（2）工作式自我介绍，包括本人姓名、所在单位及部门、担任职务或从事的具体工作等事项。

（3）社交式自我介绍，一般是寻求与交往对象进一步的交流，希望对方认识自己、了解自己，与自己建立联系，可介绍本人的姓名、工作、籍贯、学历、兴趣爱好以及共同的熟人、朋友，等等。例如：“我是张丹，文化传播公司市场部经理，与您姐姐曾经是同事。”

3. 自我介绍的礼姿：

（1）充满诚意与自信，微笑地注视对方。

（2）身体微微前倾，右手五指并拢，轻抚左胸。

4. 自我介绍的分寸把握：

（1）控制时间，保持 30 秒至一分钟为佳。需要打好腹稿，重点突出，层次分明，言简意赅。

（2）讲究措辞，把握用词的分寸。客观、真实地介绍自己，不夸大也不贬低。

（3）讲究态度。态度亲切、友好、自然，举止端庄、落落大方。

（三）他人介绍

1. 他人介绍的方法：

（1）标准式。在正式场合，介绍双方的姓名、单位、职务等。

（2）引见式。在普通场合，把双方引到一起进行介绍。

（3）简单式。在一般的社交场合，介绍双方的姓氏或姓名。

（4）推荐式。在正规场合，将某人的优势详细地举荐给另一人。

（5）礼仪式。正式场合最正规的介绍，语气、表达、称呼都更为规范和谦恭。

2. 被他人介绍的态度：

被他人介绍时，要面对对方，表现出结识对方的热情。除了女士和长者外，一般都应该起身站立。若是在会谈中、进餐时，不必起身，微微欠身致意就可以了。被介绍时，要面带笑容注视对方，切不可心不在焉、东张西望或是羞羞答答。

四、握手礼仪

握手礼在交际中是最常见的礼节（见图 1-19）。一般常用在问候、致意、介绍、祝贺、初次见面、久别重逢等情况下，表示友好。

图 1-19 握手礼

（一）握手的礼仪规范

1. 用右手握手，也可以用双手握住对方右手。

2. 站立握手，不可以坐着握手，也不可以隔着办公桌与客人握手。

3. 握姿平等自然。拇指张开、四指并拢，双方手掌处于垂直状态。

4. 握手的轻重。要有力度，但也不能太重、太紧；握手不能太轻、无力，会给人轻蔑、虚伪、敷衍的感觉。

5. 握手的时间不可太短，也不可过长。握手时间太短，显得客套或应付；握手时间太长，会使人感到局促不安。

（二）握手的顺序

握手的顺序应遵循“尊者优先”的原则，具体如下：

1. 年长者与年幼者握手，应由年长者首先伸出手来；
2. 长辈与晚辈握手，应由长辈首先伸出手来；
3. 老师与学生握手，应由老师首先伸出手来；
4. 已婚者与未婚者握手，应由已婚者首先伸出手来；
5. 先来者与后到者握手，应由先来者首先伸出手来；
6. 上级与下级握手，应由上级首先伸出手来；
7. 职务高者与职位低者握手，应由职位高者首先伸出手来；
8. 身份高者与身份低者握手，应由身份高者首先伸出手来；
9. 女士与男士握手，应由女士首先伸出手来。

（三）握手的禁忌

1. 不要用左手握手，某些少数民族或阿拉伯人认为左手是不洁的。
2. 不要戴手套握手，女士晚礼服手套除外。
3. 不要戴墨镜握手，有眼疾或眼部缺陷的除外。
4. 不要手插兜握手，显得对对方不够尊重。
5. 不要交叉握手，应当按照次序。

五、名片礼仪

社会交往中经常要交换名片，在递接名片时，如果出示名片有先有后或单方出示名片，要双手递、接；双方同时互送名片时，要右手递，左手接。

（一）递送名片的礼节

1. 递送名片，应起身站立，走到对方面前，面带微笑，亲切友好地注视对方，双手将名片的正面文字朝向对方送上。如果是外宾，将印有英文的一面朝上，以示尊重。递送名片的同时可做口头的介绍和问候。

2. 同时向多人递送名片，可按由高到低或由近而远的顺序依次递送。

（二）接受名片的礼节

1. 接受他人名片，要起身站立、态度谦恭、面带微笑、注视对方。

2. 双手接他人名片，同时上身微微前倾，点头致意表示感谢。

3. 接过名片后，要认真看一遍，以示尊重，并将名片认真、妥善地收好。

4. 收到对方名片后，要递上自己的名片，如果没有名片或者没带名片，应向对方说明原因，并表示歉意。

5. 交换名片。一般地位较低或者是来访的客人先递出名片。如果对方来的人多，应先与主人或地位较高的人交换。

六、拜访礼仪

拜访礼仪是在看望某人或者到某单位去时应遵守的礼仪规范。

（一）拜访前的准备

1. 提前预约。

与对方确定到访的时间，以不干扰对方的正常工作和生活为原则。

2. 注意仪容仪表。

整洁大方的仪容仪表是对拜访对象的尊重。

3. 礼物相伴。

带上合适的礼物，可以更好地表达对拜访对象的友好与尊重。

（二）拜访时的礼仪

1. 轻声叩门。

即使门开着，也应轻声叩门或按门铃。

2. 先致问候。

客人见到主人要先问候致意，然后相互谦让进屋。

3. 礼貌就座。

进门后，如果有其他人，要逐一打招呼，然后就座，动作要轻稳。

4. 举止文明。

主人斟茶倒水时，应起身站立双手接过、致谢。举止文明有度，交谈文雅、礼貌。

5. 掌握时间。

拜访过程中要恰当掌握时间，尤其是初次见面，时间不宜过长。

（三）拜访结束时的礼仪

拜访结束时，礼貌告辞，应主动起身向主人告辞并致谢。主人相送时，应请主人留步，视情况可再次道谢。

七、送客礼仪

迎来送往是社会交往的常见环节。迎客重要，送客同样重要。

（一）迎三送七

送客要求“迎三送七”，即出迎三步，相送七步，送的距离比迎的远才是待客之道。诚恳、热情、细致与周到地送客，可增进与客人的感情，得到更多的理解和信任。

（二）送客的技巧

1. 酒店服务中的送客技巧：

（1）客人退房时，客房服务人员应通知礼宾部帮客人运送行李，提醒客人带齐物品，并诚恳致意“感谢光临”或“欢迎下次再来”。值台服务员将客人送至客梯门口，等客梯关上门启动后方可离开。客人离开房间后，服务人员应以最快的速度检查房间有无客人遗留物品，以便及时送还。

(2) 前台工作人员及时准确地为客人结账，诚恳致意“感谢光临”“欢迎下次再来”，面带微笑目送客人离开。

(3) 礼宾部服务人员帮助客人将行李送至车上，协助客人落座，再次诚恳致意“感谢光临”“欢迎下次再来”，并祝客人一路顺利，目送车子离开视线后方可离开。

(4) 任何服务人员遇到客人离开，都要暂停手中的工作，礼貌致意“感谢光临”“欢迎下次再来”，并由迎宾人员或领班、主管将客人送出门口，目送客人离开。

2. 人际交往中送客的礼节：

人际交往中，客人告辞，应以礼相送。

(1) 客人告辞，要诚意挽留，不要客人一说要走，主人马上起身相送。如果客人执意要走，也要等客人起身后，主人再起身。

(2) 客人离别，应提醒并帮助他们检查该带的东西是否都已带齐，送客时应主动与客人握手道别，送出门外或送到楼下，分别时应说一些告别的话，如“再见”　“请慢走”等。

(3) 送客。如果送客到电梯口，应等电梯门关上后再返回；如果送客到轿车上，应等汽车开动并消失在视线之外再返回；如果送客到车站、码头、机场，应等客人过完安检时再返回。

(4) 回礼。客人来访通常会带些礼品，客人告辞时应再次对客人表示感谢，同时也要给客人回赠一些礼品。

八、位次礼仪

社交活动的位次安排能够彰显组织者自身素养、阅历、见识，表达对交往对象的尊重、友善，所以必须注意不同场合的位次礼仪。

(一) 行进中的位次

1. 单行行走时，讲究“前为尊，后为卑”。请客人、女士、尊长与职位较高者走在前，主人、男士、晚辈与职位较低者应随后而行。在客人不认识路的情况下，工作人员应走在客人左前方约 1 米远处引领，一边用手势示意，一边使用敬语关照。

2. 并排行走时，讲究“内为尊，外为卑”。内侧高于外侧，中央高于两侧。两人并排行走时，以内为尊，若道路并无明显的内外侧，则遵循“以右为尊”的国际惯例；三人并排行走时，尊者居中，次之居右，再次居左。

(二) 交通工具中的位次

1. 乘坐公共交通工具。客人先上车、后下车。上车时，服务人员站在车门一侧照顾客人上车、关门；下车时，服务人员站在车门一侧照顾客人下车。

2. 公务用车。上座为后排右座；社交应酬尤其是朋友一起时，上座为副驾驶；接待重要客人时，上座为司机后面之座。

3. 专职司机驾车。双排五座轿车的位次为：后排右座、后排左座、后排中座、副驾驶座；三排七座车的位次为：后排右座、后排左座、后排中座、中排右座、中排左座、副驾驶座。

（三）宴请会谈中的位次

1. 单桌宴会位次安排：

正对门的位置为主人位，主人右侧为主宾，左侧为副主宾；主人对面为副主人，副主人右、左两侧分别为第三、第四宾客。也可以交叉安排：主人右、左两侧分别为主宾、第三宾；副主人右、左两侧分别为副主宾、第四宾。翻译在靠近主宾、副主宾的位置（见图 1-20）。

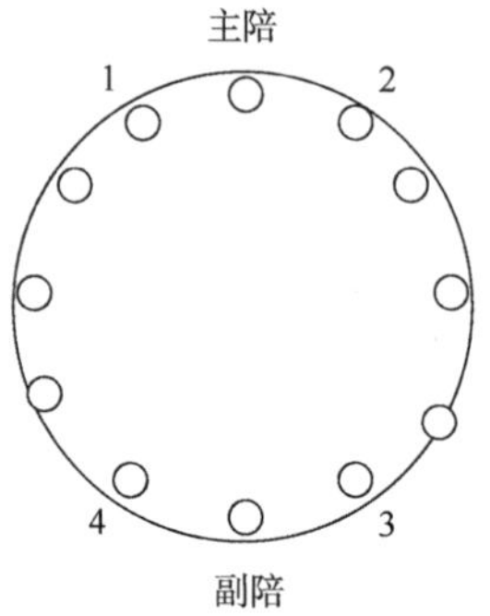

图 1-20　单桌宴会位次安排

2. 多桌宴会桌次安排：

遵循“中为上，右为上，远为上”的原则，即离大厅正门最远、正对门的位置最高（通常在主席台前面），其次为主席台右侧餐桌，再次为主席台左侧餐桌（见图 1-21）。

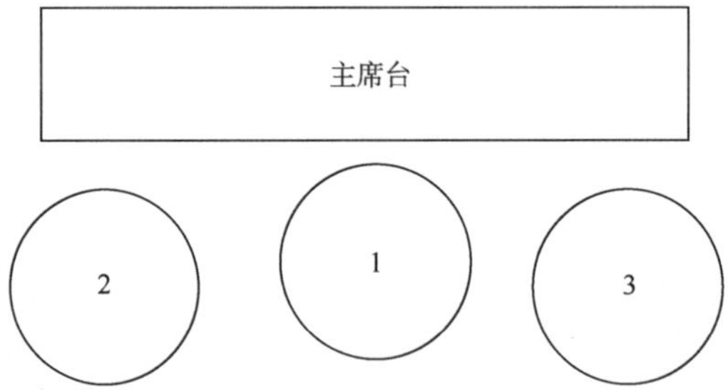

图 1-21　多桌宴会桌次安排

3. 多桌宴会位次安排：

宾主对面而坐，正对门的位置为上座，面对房间正门者为客位，主宾坐中间，主宾右侧为副主宾，左侧为第三宾；背对房间正门者为主位，位次安排与对面相对应；宾主并列而坐时，以右为上，主宾应坐在主人的右边；难以排列时，可自由择座。

4. 双边谈判位次安排：

应使用长桌或椭圆形桌子，宾主分坐于桌子两侧。谈判桌横放，面对正门的一方为上，属于客方；谈判桌竖放，以进门的方向为准，右侧为上，属于客方（见图 1-22）。

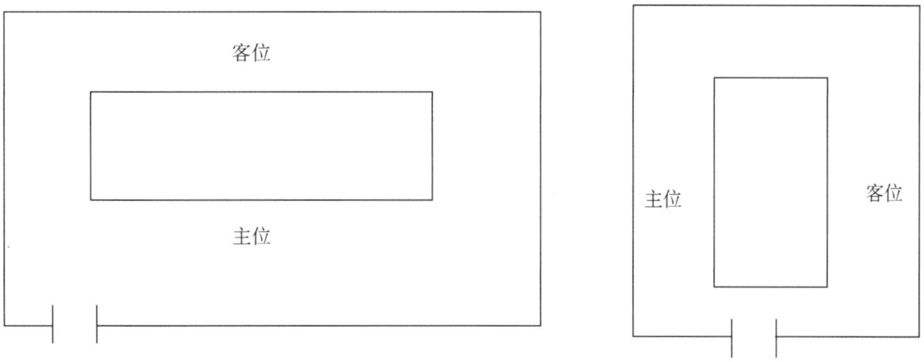

图 1-22　双边谈判位次安排

5. 会议座次安排：

遵循主席台“居中为上，右为上，前排为上”的原则。职位最高者坐在前排中间，其他人员遵循右高左低的原则，依职位高低自近而远分别在职位最高者的两侧就座。

（四）其他场合的位次

1. 旗帜的位次：

国旗与旗帜同时使用时，国旗必须居于尊贵位置：居中、居右、居前为高、为大。中国国旗与其他国家国旗同时使用，如活动以我方为主，则外国国旗为上；如活动以别国为主，则中国国旗为上。国旗的悬挂甚至影响国际关系，必须稳妥。

2. 上下楼梯位次：

单行行走，靠右侧走。上楼时，尊者、女士在前，把选择前进方向的权利让给尊者，同时可尽可能地保护客人，上楼时，万一前面的人一脚踏空，可在后面起到保护作用；下楼时则相反，位低者在前，尊者、女士在后，也是可在前面起到保护作用。当客人不认识路时，陪同人员应在客人侧前方 1～1.5 米处进行引领。若需横向行进时，陪同人员应该把内侧（靠墙一侧）让给客人，把方便留给客人；男女同行，一般女生优先走在前方。如果与着裙装（特别是短裙）的女士同行，上下楼时应该女士居后，且女士要走在靠墙的一侧。

3. 上下电梯位次：

如果出入有人控制的电梯，应让客人先进先出，陪同者后进后出；出入无人控制的电梯时，陪同人员应先行进入电梯，一手按“开门按钮”，一手拦住电梯侧门，礼貌地说“请进”，请客人或地位高的人进入电梯。当到达客人或地位高的人所要去的楼层时，陪同人员按住“开门”按钮，请客人先走，待客人走出电梯后，自己立刻步出电梯，并热诚地为其引导行进的方向。

4. 出入房间位次：

当门是向内开时，打开门后，自己先行入内，然后一只手按着门把，轻轻点头示意访客进入，引导的人可以站在门后阴影处，或者露出全身都无妨，基本上以露出半身较为合宜；若门是向外开，打开门后同样地单手按住门把，先稍微行个礼再请访客入内，待客人进去后自己再进去，背对门将门带上，引导来客入座；若有特殊情况，比如双方都是首次到一个陌生房间，或者是晚上进入房间时，陪同人员应先进入房间。酒店服务人员进入客人的房间时不应该关门，应将门敞开。

技能训练

（一）问候礼仪

实训目的：掌握问候礼仪，能熟练运用礼貌用语与客户交流沟通。

实训准备：情景模拟实训室。

实训方法：情景模拟。

实训步骤：

1. 学生两人一组，以小组为单位进行练习；
2. 同学表演汇报；
3. 同学互评；
4. 教师点评。

（二）介绍礼仪

实训目的：掌握介绍礼仪，能熟练运用礼貌用语与客户进行交流沟通。

实训准备：情景模拟实训室。

实训方法：情景模拟。

模拟情景：今天是环球旅游集团的大型年会，你是公关部经理，正在门口迎候客人，但来的客人你不认识，该如何迎接客人？

①你们公司的客户；

②建设银行某支行张行长；

③一名年轻女士。

实训步骤：

1. 学生五个人一组；
2. 每个学生都要演示两个情景中的主介绍人角色；
3. 每组演示时间不超过 10 分钟。

（三）握手礼仪

实训目的：熟悉交往中握手的基本知识和礼仪规范，熟练应用握手礼节，提高学生的社交能力。

实训准备：情景模拟实训室。

实训方法：情景模拟。

模拟情景：环球旅游集团张总和秘书李小姐到大连高铁站接前来洽谈业务的北京通达科技有限公司刘总和秘书王小姐。此前双方只在电话中联系过。

实训步骤：

1. 以小组为单位进行情景练习，自行设计对白，要求整个模拟活动要体现所学的日常交往礼仪规范；
2. 分小组演示，学生观摩后讨论、评价；

3. 教师指导性点评。

（四）名片交换礼仪

实训目的：掌握问候礼仪，能熟练运用礼貌用语与客户交流沟通。

实训准备：情景模拟实训室。

实训方法：情景模拟。

沿用上面握手礼仪的模拟情景。

实训步骤：

1. 以小组为单位进行情景练习，自行设计对白，要求整个模拟活动过程要体现所学的日常交往礼仪规范；
2. 分小组演示，学生观摩后讨论、评价；
3. 教师指导性点评。

习题

1. 简述接、打电话礼仪的内容。
2. 简述手机通信礼仪的内容。
3. 简述博客礼仪的内容。
4. 简述微信礼仪的内容。
5. 简述邀请函、感谢信、请柬、贺卡的礼仪要求。
6. 在社会交往中对交往的对象应如何称呼？
7. 致意礼有哪些？
8. 为他人做介绍的次序是什么？应该注意哪些问题？
9. 握手的次序是什么？握手应该注意哪些问题？
10. 简述递接名片的礼仪内容。
11. 简述拜访礼仪的内容。
12. 简述送客礼仪的内容，并解释“迎三送七”的含义。
13. 简述行进中的位次礼仪。
14. 简述交通工具的位次礼仪。
15. 简述宴请会谈中的位次礼仪。

案例分析

某上市公司欲招聘一名销售经理助理，经过层层筛选，最后剩下五个女孩角逐这个职位。为此，销售经理组织了面试小组。面试前，为了缓解紧张的气氛，工作人员问：“你们想喝点什么，可以随便点。”有三个女孩要了咖啡，工作人员端来了第一杯咖啡，一个女孩说：“哎呀，这个咖啡怎么加糖和奶了呢，我喝咖啡从不加糖和奶。”另一个女孩说：“我要加奶不加糖的咖啡。”第三个女孩说：“我怎么都行，这杯咖啡给我吧。”面试还没有开始，招聘小组中已经有人在面试评价表上划去了前两个女孩的名字。

1. 招聘小组工作人员为什么划去前面两个女孩的名字？
2. 如果你是招聘小组工作人员，会特别关注第三个女孩吗？

项目五　服务语言

项目介绍

语言是一门艺术，在生活、工作和社交场合中，同样的意思，表达方式不一样，效果相差甚远。服务人员在提供服务时，在语言上要注意谈吐文雅、语调亲切甜润、音量适中、讲究技巧，这样才能很好地完成自己的工作任务，避免出现不必要的纠纷，提升服务品质。本项目需要完成三个任务：学会服务语言艺术与技巧、50句文明服务用语、50句服务忌语。

运用服务语言非常重要的准则是“尊重”和“礼貌”。在服务工作中，工作人员的言谈举止既能影响个人形象，更是企业形象、国家形象的体现。所谓“国无德不兴，人无德不立”，在运用服务语言的时候，应时刻保持对待客人的尊重态度、礼貌用语、诚信精神，厚植爱国爱岗敬业精神，使小我融入集体，树立个人的一言一行都与企业的社会形象、国家的国际形象息息相连的集体主义精神。

同时，待客过程中应保持不卑不亢、不骄不躁的自信沉稳态度。大到对自己的国家、所在的企业，小到对自己的岗位，应有充足的自信心和自豪感，不夸大不吹嘘的同时也不能妄自菲薄。自信阳光的服务心态和语言情感才能最大限度地发挥自身实力，展现职业魅力。

学习目标

知识目标：

了解服务语言的特点、要求和技巧；

掌握50句文明服务用语，并养成在服务中使用的习惯；

熟记50句服务忌语，并杜绝在服务中使用。

能力目标：

能够规范恰当灵活地使用服务语言；

能够熟练使用顾客投诉处理语言。

素质目标：

树立尊重礼貌的语言态度和自信沉稳的服务心态；

具有良好的使用文明用语的习惯；

具有抵制服务忌语的能力；

心灵美与语言美内外兼修，文雅、有效地与人交谈。

任务 1　服务语言艺术与技巧

任务导入

服务人员在提供服务时，不可避免地要与客户交谈，谈吐怎样才能亲切友好？服务用语有什么要求和技巧呢？

任务分析

交谈是人际交往的主要手段。在服务中，服务人员不可避免地会与客户进行各种层次的交谈，在工作中也需要与领导、同事进行交流。因此，需要培养语言艺术，掌握语言技巧。

任务实施

一、服务语言的基本要求

（一）真诚有礼

尽管客人的身份、地位、风俗习惯、自身情绪、国籍各不相同，只要服务人员发自内心地做到礼待宾客，用真诚的态度、礼貌的语言来接待他们，客人都能够感受到，并对服务工作给予认可。

（二）文雅谦和

服务人员的语言文明程度决定了服务质量和服务水平。要使用规范的文明用语，通过反复训练形成条件反射，习惯使用文明用语，如“您好”“请”“谢谢”“对不起”“马上为您服务”“让您久等了”，等等。

（三）用语文明

文明忌语就是那些恶言恶语，如“刚才跟你说过了，怎么还问？”“我解决不了，找别人去”等，不仅反映出自身的礼仪修养差，而且会造成不和谐的人际关系，影响服务质量和服务水平。

（四）语言艺术

掌握语言技巧是服务工作内容的一部分，也是个人能力的重要体现，比如：“张先生您好！请问您办理什么业务？我的工号是 003，马上为您服务。”恰当、得体的语言可以很好地协调人际关系，增加个人魅力。

二、文明礼貌用语

（一）问候用语

在服务过程中，见到客人或与客人进行沟通时必须使用问候语，比如：“您好”“张先生好”“早上好”“中午好”“下午好”“晚上好”“晚安”等。

(二) 迎送用语

习惯使用“欢迎”“欢迎光临”“很高兴见到您”“恭候您的光临”等。比如：“张先生，见到您很高兴”“王女士，期待您再次光临”“谢谢、再见、请慢走”“感谢光临，欢迎下次再来”，以表明自己尊重对方，使对方产生被重视之感。

(三) 请托用语

在请求他人帮忙或是托付他人代劳时应当使用的礼貌用语。不管是对客人、同事、朋友、家人还是陌生人，这种情况下都要加上一个“请”字，或者礼貌地说“拜托您”“麻烦您”“劳驾”。

(四) 致谢用语

经常使用“谢谢”“非常感谢”“多谢了”“万分感谢”等致谢语。

(五) 征询用语

在服务过程中，需要向客人进行征询时，要使用必要的礼貌语言，才会取得良好的反馈。比如：“您还有别的事情吗？”“这两个房间的位置都很不错，您想选哪一个？”

(六) 道歉用语

当服务不到位或出现差错时，应真诚地向客人道歉，如“抱歉”“对不起”“请原谅”等。

(七) 祝贺用语

在服务中，从业人员应根据场合适时地对客人表示祝贺，如“节日愉快”“祝您生日快乐”“祝你们幸福”“祝您演出成功”“身体健康”等。

(八) 推托用语

在工作中有时也需要拒绝他人，如何拒绝别人是一门艺术。此时必须语言得体、态度友好，不能直言“不知道”“做不到”“问别人去”“不归我管”等，这样做会激化矛盾，使工作变得被动，而应该尽可能帮助客人解决，实在办不到则诚恳地告诉对方：“很遗憾，没有帮到您。”

(九) 应答用语

在服务过程中，应答用语要规范，如“好的”“立刻”“马上”“是的”“对不起，这件事我不太清楚，您稍等，我马上去帮您问一下”。

三、如何倾听

倾听是与交谈相伴的一个重要环节，也是交谈顺利进行的必要条件。在交谈时，务必要认真聆听对方的讲话，用表情举止予以配合，从而表达自己的敬意，并为积极融入交谈去做最充分的准备。不可对他人的发言不闻不问，更不可随意打断对方的发言。倾听对方谈话时应注意做到以下几点：

1. 神情专注，让对方感觉你对他的谈话感兴趣。

2. 不能随便打断对方的谈话，打断对方的谈话是很失礼的。

3. 对谈话内容做出恰当反应，倾听对方谈话要注意力集中，用微笑、点头、注视、思考或提问来鼓励对方畅谈，不做无关的动作。

4. 注意对谈话信息及时反馈，如重复询问对方或提出问题，以验证自己是否正确理解了对方的意思或表达是否正确，避免出现差错。

5. 适当提问，可以适时提问或偶尔打断一下，但不可喧宾夺主，抢占主导地位。

四、服务语言的注意事项

1. 态度要谦虚、诚恳，切忌武断，要站在客人、同事的立场考虑问题，不能事事以自己的观点来衡量。

2. 运用要规范，避免出现“女士，您要饭吗?”这一类有歧义的语句。

3. 语言表达要机智、灵活，在服务过程中会出现各种预想不到情况，需要机智、灵活地表达，富有幽默感。

4. 声音要适中，语音要清晰，吐字清晰，声音圆润悦耳，不过高也不过低。

5. 本着“话宜少不宜多”的原则，恰当把握说话时机。

6. 多运用赞美语言，交谈时善于发现对方的优点，适时地进行恰如其分的赞美。

五、顾客投诉的处理技巧

应牢记：顾客永远是对的，顾客是可以沟通的，顾客利益应得到维护，顾客的投诉可以令我们进步。正确地处理投诉利大于弊，所以我们要重视和珍惜投诉。

（一）顾客投诉处理原则

一要听顾客诉说，并做记录；

二要与顾客共同分析，并解释；

三要谨慎，不应轻率地承担责任或答复顾客；

四要对顾客表示歉意和感谢；

五要迅速答复并立即处理。

（二）顾客投诉处理的三个阶段

1. 原因排查：

（1）对投诉者表示欢迎和谢意，因为消费了才有投诉；

（2）耐心听取顾客的投诉，不打断对方的述说；

（3）对顾客的心情与态度表示充分理解，将心比心，安抚顾客情绪。

2. 投诉处理：

（1）问题排查，明确投诉的问题点；

（2）确定处理方案，明确措施方法，针对问题是属于产品本身、人为造成或是心理因素加以分析；

（3）尊重顾客的意愿，维护原则，但不能指责顾客的错误和缺点，努力使顾客心服口服。

3. 妥善解决：

用抱歉、感谢和理解的语言与顾客告别，“物质过失、心灵补偿”。

任务 2　服务文明用语 50 句

任务导入

大家都知道“祸从口出”的道理，服务行业的从业人员不仅要知道什么不能说，更要学会应该怎么说。

任务分析

50 句文明用语，其中的规律就是“您好”挂口头，“请”字来开头，“谢”字来结尾。掌握规律，举一反三。

任务实施

50 句文明用语：

1. 请。
2. 您好！
3. 欢迎！
4. 恭候！
5. 久违。
6. 奉陪。
7. 拜访。
8. 拜托！
9. 请问。
10. 请进。
11. 请坐。
12. 谢谢！
13. 再见！
14. 对不起！
15. 失陪了！
16. 很抱歉！
17. 请原谅！
18. 不客气！
19. 不用谢。
20. 请稍等。
21. 请指教！
22. 请当心。

23. 没关系。
24. 请走好！
25. 这边请。
26. 您先请。
27. 您请讲。
28. 请您放心。
29. 请多关照！
30. 请跟我来。
31. 欢迎光临！
32. 欢迎再来！
33. 请不要着急！
34. 请慢慢讲！
35. 让您久等了！
36. 给您添麻烦了！
37. 希望您能满意！
38. 请您再说一遍！
39. 请问您有什么事？
40. 请问您是否在找人？
41. 我能为您做点什么？
42. 很乐意为您服务。
43. 这是我应该做的。
44. 把您的需要告诉我。
45. 我会尽量帮助您的。
46. 我再帮您想想办法。
47. 请随时和我们联系。
48. 请您多提宝贵意见。
49. 有不懂的地方您尽量问。
50. 您的需要就是我的职责。

任务 3　服务忌语 50 句

任务导入

服务行业的从业人员必须避免因不经意脱口而出的语言得罪客户。牢记 50 句不能说的话，避免踩中语言“地雷”。

任务分析

50 句忌语是常见的口语，其中强势口吻和推诿语句较多。对此首先是识别，其次是避免。

任务实施

服务忌语 50 句：

1. 哎！
2. 喂！
3. 没有！
4. 讨厌！
5. 走开！
6. 真笨！
7. 不行！
8. 不管！
9. 不知道！
10. 不清楚！
11. 真烦人！
12. 真啰唆！
13. 自己找！
14. 别进来！
15. 喊什么！
16. 急什么！
17. 少废话！
18. 脑子有病！
19. 有完没完！
20. 我没时间！
21. 就你事多！
22. 你等着吧！
23. 你烦不烦？
24. 你懂不懂？
25. 你干什么？
26. 你怎么瞎写？
27. 你没长眼睛？
28. 关你什么事？
29. 靠边站着。
30. 别挤在这。
31. 能不能快点？
32. 我就这态度！
33. 找领导去呀！
34. 没看我在忙吗？

35. 你以为你是谁？
36. 你有什么资格？
37. 你算什么东西！
38. 你自己看着办。
39. 你问我我问谁？
40. 你爱找谁就找谁。
41. 你怎么这么挑剔？
42. 你怎么这么多毛病？
43. 没看上面写着吗？
44. 我没时间和你废话。
45. 你怎么不提前准备好？
46. 你怎么这么不知趣？
47. 你怎么什么也不知道？
48. 你怎么基本常识都不懂？
49. 我是为你一个人服务吗？
50. 不是告诉你了吗，怎么还问？

技能训练

（一）50句文明用语（先想后写再念）

实训目的： 请大家仔细体验文明服务用语带给客户的温馨感受。

实训准备： 每人一张空白A4纸。

实训方法： 先抢答，再点评，后归类。学生分组操作。

实训步骤：

1. 请学员小组讨论平时被服务时感觉最好的服务用语是哪些？

2. 分别写在自己的A4纸上面，大声念出来，注意加重语调，加深体验客户听到这些话的温馨感觉；

3. 提问学生为什么会觉得这些话令人舒服；

4. 引导学生发现文明用语的规律，以及文明用语需要配合眼神、微笑和肢体语言；

5. 分组讨论以上语言怎样调整和改善更好（请小组做记录）；

6. 提问每个小组的改善意见，并及时请其他同学抢答完善；

7. 将改善后的语言定稿。

（二）50句服务忌语（先看再念）

实训目的： 请大家仔细体验服务忌语带给自己的感受。

实训准备： 每人一张A4纸，将50句忌语打印在左侧，分成四大类：

（1）服务忌语50句——客情沟通；

（2）服务忌语50句——客户投诉；

（3）服务忌语50句——推诿客户；

（4）服务忌语 50 句——其他。

实训方法：教师示范，学生分组操作。

实训步骤：

1. 请学生大声念出来，注意加重语调，加深体验客户听到这些话的不良感觉；
2. 提问学生听到其中几句话的不良感受，启发换位思考；
3. 分四组讨论以上四类语言应该怎样调整和改善（请小组做记录）；
4. 提问每个小组的改善意见，并及时请同学们抢答完善；
5. 将改善后的语言定稿。

习题

1. 服务语言有哪些特点？
2. 如何倾听？
3. 熟记 50 句文明礼貌用语。
4. 熟记 50 句服务忌语。

案例分析

某婴儿游泳馆会员顾某于 14：30 左右带宝宝到门店游泳，打印小票的时间是 14：32 分，但是服务人员收了小票没有及时给宝宝安排游泳，后面又有顾客插队，顾某足足等了一个小时。询问服务员，服务员竟说："谁叫你没有说清楚宝宝游大池、小池？"顾某又两次致电店长，店长都说："我现在很忙，我帮你问问。"之后也没有回复。这引起了会员的极度不满，最终致电总部投诉，并要求退卡。

1. 顾某为什么会投诉到总部？
2. 服务员的服务语言出现了什么问题？
3. 店长在沟通中存在什么问题？
4. 对这个案例，你有什么思考？

项目六　特色服务礼仪

项目介绍

特色服务是服务行业的竞争利器，人无我有、人有我优、人优我特。服务是立身之本，创新是发展之本。只有不断地创新服务，转变服务的传统观念，强化服务措施，从服务礼仪、服务流程上去创新，才可能在众多的企业当中脱颖而出。

创新是引领发展的第一动力。习近平总书记指出，抓创新就是抓发展，谋创新就是谋未来。当今世界正经历百年未有之大变局，国际形势复杂多变，我们面临的任务之繁重前所未有，风险挑战之严峻前所未有。如何应对？创新是我们爬坡过坎的关键。

我国的创新、协调、绿色、开放、共享五大发展理念，把创新放在首位，以创新引领发展，突出了创新的极端重要性。我们要提升服务意识，创新服务内容，改进服务质量，努力在日新月异、快速发展的市场经济中占得先机，获得优势，赢得客户，抓住未来。

学习目标

知识目标：

特色服务需要与流程相结合才能成为有形的服务，才能便于服务人员看得懂，记得住，学得会。

能力目标：

能够按照动作要领，熟记特色服务口诀。

素质目标：

树立不断改革服务内容和服务方法的创新意识；

将特色服务融入日常工作之中，深入人心外化于行，变成自动自发的自觉行动。

任务1　九声服务法

任务导入

在日常服务中，服务人员操作的服务礼仪和流程经常是不系统、不完整的，九声服务法在传统的只说不做的“三声两站一双手”基础上，发展到从迎客到送客的全流程，导入了口语+手语+脸语+笑语+体语，更形象、更生动、更易模仿。

任务分析

九声服务法是特色服务的创新之举，首先是学习和模仿，其次是融入工作，随机应变。

任务实施

一、九声服务法内容

第一声，来有迎声——（15 度鞠躬）您好！欢迎光临，请进！

第二声，问有答声——（30 度鞠躬）您好！请问有什么可以帮您？

第三声，怨有歉声——（30 度鞠躬）抱歉，让您久等了！

第四声，呼有应声——（左、中、右转头）是我、我在、来啦！

第五声，做有说声——（立正）好的、立刻、马上（收到、清楚、谢谢）。

第六声，递有接声——（30 度鞠躬，双手接递）您好！请把您的资料递给我，谢谢！

第七声，指有引声——（1 号站姿）上面请、下面请、左边请、右边请、前面请、后面请，您就是、我就是、这位就是，马上为您服务……

第八声，赞有谢声——（15 度鞠躬）谢谢！这是我应该做的！

第九声，走有送声——（15 度鞠躬）谢谢！再见！请慢走！

二、九声服务法逻辑顺序

1. 客人来要迎宾；
2. 客人问要应答；
3. 客人抱怨要道歉；
4. 客人呼叫立刻回应；
5. 为客人做服务快速响应；
6. 双手递接物品；
7. 指引方向；
8. 客人赞扬要致谢；
9. 客人离开要相送。

微课 13
九声服务法

技能训练

九声服务法

实训目的：熟练掌握九声服务法的规范动作。

实训准备：每人要将基础礼仪的八姿（站姿、坐姿、走姿、蹲姿、递姿、鞠姿、笑姿、引姿）先学会，然后进行动作的串联。

实训方法：教师讲解并示范，学生学习分解动作后串联练习。

实训步骤：

1. 播放九声服务法教学视频。
2. 讲解九声服务法逻辑顺序。
3. 重点说明易错点：

（1）15 度鞠躬和 30 度鞠躬容易混淆。

（2）呼有应声——容易将转头动作做成点头。
（3）递有接声——开始和结尾动作一样。
（4）指有引声——“前面请、后面请、左边请，这位就是”容易出错。
4. 小组集体练习。
5. 1∶1 对应练习。
6. 抽查后点评。
7. 通关考试。

习题

1. 九声服务法的创新性和实用性体现在哪里？
2. 哪些动作易出错？

任务 2　员工内部默契手势语

任务导入

在日常服务管理中，当客户在现场时，服务管理的默契手势语能够及时提示员工规范动作，可以避免当着客户的面指导员工的尴尬。这样不仅能够改善客户体验，也能及时地督导服务，同时也提升了员工接受指导的意愿。这已经成为许多服务单位晨会必练的内容。

任务分析

员工内部默契手势语具有普遍性，内容丰富，动作优美，易学、易掌握。

任务实施

员工内部默契手势语多用于现场无法及时、有效做语言沟通的时候，有些语言让客户听到不妥，有时声音大小不好把握，默契手势语可以提高服务管理的及时性，加强服务督导管理的有效性。

一、学习手势语的注意事项

手语里很多词句的手势相近，如果做得不标准，容易造成歧义，引发误会，所以要有力度，干脆连贯，避免多余动作，同时还要配以表情。做的时候注意要动口，这样即使手语表达不清晰，对方也可以通过口型理解。

二、员工内部默契手势语

1. 举手招迎；
2. 招手送别；
3. 紧急求助；

4. 完成告知；
5. 安抚情绪；
6. 提醒坐姿；
7. 暂停交流；
8. 调整音量；
9. 提醒注意力；
10. 提示微笑；
11. 及时表扬；
12. 鼓励加油；
13. 严厉警告；
14. 坚决拒绝。

微课 14
默契手势语展示

技能训练

员工内部默契手势语

实训目的： 熟练掌握默契手势语，动作规范。

实训准备：

1. 已经做过基础礼仪的训练；
2. 将手势语内容用 A4 纸打印，人手一份。

实训方法： 教师示范，学生模仿。

实训步骤：

1. 观看视频，建立初步感官印象；
2. 熟记手势语内容；
3. 分解示范，详解含义；
4. 逐一辅导，分组互练；
5. 抽查点评；
6. 通关考试。

习题

1. 为什么要学习员工内部默契手势语？
2. 学习员工内部默契手势语需要注意什么？
3. 熟练做出手势语并规范动作。

模块二　酒店服务礼仪

模块综述

酒店服务礼仪是服务礼仪的一个重要组成部分，体现在服务人员工作流程及服务品质两方面，包含仪容、着装、仪态、服务沟通、特色服务等内容。本模块主要介绍前厅服务礼仪、客房服务礼仪，通过学习，学生应了解酒店前厅、客房、餐饮及会议服务礼仪；掌握酒店前厅、客房、餐饮服务以及提供会议服务时应遵循的礼仪规范，成为“有礼之人”，礼貌待客，为客人提供优质高效的服务；树立专业的服务理念，培养良好的行为规范；能够在服务中寻找合适的语言进行沟通，解决矛盾和冲突；能够有的放矢地为客人提供专属服务。

项目一　前台服务礼仪

项目介绍

前台服务礼仪是在为客人办理入住、提供咨询、结账退房等服务工作中提炼总结且得到普遍认可实施的一套独有的服务标准。前台服务礼仪一般包括前台办理入住礼仪、问询礼仪、结账退房礼仪、处理投诉礼仪。

酒店前台是酒店的门面和窗口，前台接待员是客户进入酒店后接触到的第一位工作人员，前台接待员的礼仪礼节、仪容仪表会直接影响客户对酒店整体形象和服务质量的评价。

接待人员对待客户应热情相迎，主动问候，用真情温暖客户，用爱心关怀客户，使客户真正体会到宾至如归的感觉；对待岗位工作必须一丝不苟，严格遵守酒店规章制度，恪尽职守，保障客户的人身财物安全和酒店工作的正常运转。

同时，前台接待人员应时刻保持积极阳光的职业态度和优雅沉稳的服务礼仪，避免消极心态和不雅动作，使客户通过接待人员的服务态度和服务礼仪就能感受到整个酒店积极向上、和谐乐观的工作氛围和高标准的服务品质。

学习目标

知识目标：

掌握前台工作中服饰妆容的礼仪规范；

掌握电话礼仪的服务规范；

掌握重要宾客排序的基本原则。

能力目标：

能够在前台工作过程中提供周到的服务；

能够在投诉处理服务中注重礼仪，令客人感到被尊重；

能够按照各岗位服务流程提供标准服务。

素质目标：

能够在前台办理入住服务中注重礼仪，热情好客，令客人感觉周到称心；

能够在前台结账退房服务中注重礼仪，令客人感觉专业严谨，值得信赖。

任务1　店外迎送礼仪

任务导入

小张是酒店前厅的代表，今天，来自上海的贵客即将到店入住，酒店总经理将接待客人的任务交给了他。

任务分析

店外迎送服务是指代表酒店在机场、车站、码头等交通口岸欢迎客人的到来，介绍酒店及城市有关信息，解答客人问询，为客人提供高效、满意的接送服务。迎送服务可以让客人感到安心、舒心、放心，感受到便利、热情、温馨，体会到受重视和关注，从而对酒店留下良好的第一印象。

任务实施

一、服饰礼仪规范

1. 保持工装干净整洁：

工装无褶皱、无污渍、无头屑；熨烫平整，纽扣齐全，衣袖不卷不挽；要慎穿毛衣，巧配内衣，少装东西。

2. 服务牌佩戴到位：

服务牌佩戴在左胸偏上部位。

3. 保持鞋子干净：

鞋内无异味，鞋面无尘，鞋底无泥，鞋垫相宜，鞋码恰当。

4. 袜子颜色以深色、单色为宜：

男士的袜子最好是黑色的。袜子要干净、完整、合脚、袜腰长短要合适。

二、仪态礼仪

（一）站姿

站立应体现出柔和和轻盈，抬头挺胸，重心自然落于脚中间，肩膀放松，丁字步站立。

谈话时要面向对方，保持一定的距离，尽量保持身体的挺直，不可歪斜。倚靠墙壁、桌椅而站，双腿分开的距离过大、交叉，都是不雅观和失礼的行为。手中也不要玩弄物品，那样显得心不在焉，是不礼貌的行为。

站姿的基本要领如下：

1. 两脚跟相靠，脚尖分开 45 度至 60 度；
2. 两腿并拢立直，身体重心放在两脚上；
3. 腰背挺拔；
4. 收腹挺胸、抬头、脖颈挺直；
5. 双目向前平视，微笑，微收下颌。

（二）行走

靠道路的右侧行走，遇到同事、领导要主动问好。行走时，应避免吃东西、整理衣服等行为。

行走的基本要领有：

1. 上身挺直；

2. 走动中肩部不要摇晃；

3. 小腿挺直，脚后跟先着地，切忌膝部力量过松，造成身体上下颠动；

4. 两手轻握拳，两臂随步伐有节奏地在两侧轻轻摆动，下颌微微后收，视线平视，不东张西望；

5. 按照自己的步伐有节奏地前行。步幅：前脚脚跟与后脚脚尖的距离是一至一个半的脚长。步位：两脚沿着一条直线前进。

（三）目光

接待来宾少不了目光接触，正确地运用目光传达信息可以有效地塑造专业形象。谈话时，目光应保持平视，仰视显得谦卑，俯视显得傲慢，均应避免。谈话中，应用眼睛轻松柔和地注视对方的眼睛，但不要眼睛瞪得老大或直愣愣地盯住别人不放，同时配以微笑。

微笑要笑不露齿，嘴角两端略上扬，发自内心、自然坦诚，切不可假笑。

（四）手势

通过手势，可以表达介绍、引领、请、再见等多种含义。手势一定要柔和，不能拖泥带水。

手势的基本要领如下：

在领路和指引方向时要注意手指自然并拢，掌心向上，以肘关节为支点，不能以食指来指示目标指指点点。

（五）握手

握手时标准的伸手顺序应该是位高者前，也就是地位高的人先伸手。

握手时标准的手位应该是：手掌与地面垂直，手尖稍稍向下，实际上是向侧下方伸出，四指并拢，拇指适当地张开。握手要用自己的手掌握着对方的手掌，停留 3~5 秒钟，最长不超 30 秒钟，握手时要稍微用力，并以自然、热情的表情进行配合。

握手要注意：第一，不能心不在焉；第二，不能伸出左手；第三，不能戴手套；第四，不能交叉握手。

（六）鞠躬

我们常用的鞠躬礼分三个度：一度为 15 度；二度为 30 度；三度为 45 度。一度鞠躬类似点头致意，适用于多种情况下的打招呼和问候；二度鞠躬表示敬礼，适用于对重要客人、长者等的迎送问候；三度鞠躬则多用于特别诚恳的感谢或歉意。正常的前台接待采用一度鞠躬即可。

技能训练

店外迎送礼仪

实训目的：门童岗位服务礼仪规范。

实训准备：桌子、柜子、行李车、雨伞等前台工作用具，配有镜子的实训室。

实训方法：学生分成两组，一组扮演宾客，一组担任门童。

实训步骤：

1. 仪容仪表自检及互检。

2. 在岗状态训练：着装整齐、站立挺直、走路自然稳重、目光炯炯、仪表堂堂。

3. 车辆到店训练：微笑欢迎，右手护顶开车门，特别关照老弱病残及女客人，处理行李，协助客人到接待处办理登记手续，逢雨天给客人打伞。

4. 客人进店训练：主动为客人开门，微笑致礼。

5. 客人离店训练：主动打招呼，代客人叫车；车停稳后，替客人开车门；车辆即将开动，鞠躬恭送、举手致意、微笑道别。

习题

1. 服饰礼仪规范有哪些？

2. 店门迎送礼仪对仪态有哪些要求？

任务2　行李员服务礼仪

任务导入

酒店大堂，两位客人正拖着行李进入，小张是酒店的行李员，见到这两位客人立刻迎了上去。

任务分析

行李员是酒店接待客人的重要角色，客人抵店和离店需要行李员运送行李、引领进店、介绍酒店设施、回答客人询问、给予恰当的建议，并为住店的客人递送包裹、报纸、信件等。行李服务需要较好的仪态礼仪、递送礼仪、沟通礼仪和交往礼仪。

任务实施

行李员的服务流程如下：

1. 微笑欢迎，鞠躬问好，帮卸行李。对抵店的客人以微笑点头表示欢迎，同时鞠躬问好："早上好/中午好/下午好/晚上好！欢迎光临。"如果看到客人的行李较多，应主动帮客人将车上的行李卸下，并点清行李件数。

2. 动作有礼。行李员动作应有礼貌，及时并且轻稳，不可用脚踢行李，对易损的行李要注意，客人如果要自己提取行李，不必勉强帮忙。

3. 引导客人办理手续。行李员应引导客人到登记处办理住宿手续，客人办手续时，在客人身边等候。迎领客人时，要走在客人二三步远的左前方，步子要稳。

4. 引导客人时的礼仪。行李员应本着以前为尊、以右为大、女士优先的原则；接近门口或电梯口，应提前为客人开门，请客人先进，出门时先出。征得客人同意后，主动为其提行李；三人同行，以中为尊，右边次之，左边为末。

5. 看管行李。以正确的姿势立于客人身后约 1.5 米处，替客人看管行李，并随时听从客人吩咐和前台服务员的提示。

6. 送客人到房间。待客人办妥手续后，应主动上前向客人或前台取房间钥匙，引领客人到房间。一路上对客人要热情主动，遇有转弯时，应微笑向客人示意。如果客人有事去别处，要求行李员将行李送至房间，此时行李员应亲眼看到客人房间钥匙的号码，如没看到客人房间钥匙，则要先向前台核实后再送上房间。

7. 搭乘电梯。搭乘电梯时，先将一只手按住电梯门，请客人先进入电梯，进梯后靠近电梯控制台站立，便于操纵电梯；出电梯时，让客人先出，出电梯后，继续引领客人到房间。

8. 入房前。进入房间前要先按门铃，再敲门："您好！服务员。"连续问候三声后如果房内无反应，再用钥匙开门。

9. 开门后。先将房卡插入总开关，退出后立即将钥匙交还客人，请客人先进入房间。开门后，如果发现房内有客人的行李、杂物或房间未打扫干净，应立即退出，并向客人道歉，紧急与前台接待联系，找一个临近且干净的房间让客人先休息，待前台人员调整好后再将客人带进房间。客人入房后，如对房间不满意要求更换房间，行李员应立即与前台联系为客人换房；如果客人换后仍不满意，提出再换或换回原来的房间，行李员完成换房工作后应将最终结果通知前台。

10. 随客进房。随客人进入房间后，将行李放到行李架上或按照客人的吩咐放好，然后向客人介绍房间各种设施的使用方法。介绍完后，征询客人是否还有吩咐，客人无其他要求时，向客人道别、道谢，祝客人愉快，面对客人后退，将房门轻轻拉上。

11. 寄存行李。客人如果到前台要求寄存行李，行李员应主动向客人问好："×××先生/小姐，早上好/中午好/下午好/晚上好！请问您要寄存行李吗？"帮客人填写行李寄存单，询问清楚寄存的是什么物品，其中，易燃易爆、食品、易碎品、贵重物品一般不予寄存。

技能训练

行李服务礼仪

实训目的：掌握行李服务的礼仪规范。

实训准备：书本、动感音乐、配有镜子的实训室等。

实训方法：学生分成两组，互相检查训练。

实训步骤：

1. 仪容仪表自检及互检。
2. 合理站位。
3. 看见客人主动表示欢迎。
4. 引领客人到总台。
5. 搬运行李必须小心，用力不能过大，更不许用脚踢客人行李。
6. 客人办理入住登记手续后，主动上前从接待员手中接过房间钥匙，帮助客人拎行李。

7. 引领客人进房间。先按门铃、再敲门，确保无人再用钥匙开门。先开总开关，再请客人先进入。

8. 进房间后，行李正面朝上，提手朝外放在行李架上或按客人的吩咐放好。

9. 介绍房内设施的使用方法。

10. 道别。询问客人是否还有吩咐，若没有，礼貌道别，面对客人退出，轻轻关上门。

11. 客人离店时需要行李服务的，准时为客人提拿行李，并将行李整齐摆放在客人指定的地点，礼貌道别，邀请客人下次光临，祝客人旅途愉快。

习题

1. 简述行李员工作流程。
2. 引导客人时的礼仪要求有哪些？
3. 客人寄存行李有哪些注意事项？
4. 随客进房有哪些要求和注意事项？

任务3　贵客礼宾服务礼仪

任务导入

今天，酒店的贵客刘先生将入住酒店，负责接待的前台员工小朱早早就做好了接待的准备。

任务分析

贵客（也称“VIP 客人”），是指社会地位高、社会影响力大以及多次住店、与酒店关系密切的客户。酒店的星级越高，贵客数量就越多。从经济效益和社会效益出发，酒店特别注重建立和维护与 VIP 客人的关系，精心提供个性化服务，提升 VIP 客人的满意度和尊贵感。

任务实施

一、VIP 等级制度及标准

（一）A 级贵宾

1. 党和国家领导人、政府高级官员、外国高级政府代表团；
2. 军界首脑人物；
3. 世界著名财团、企业总裁、董事长和总经理；
4. 世界上有影响的人物。

（二）B 级贵宾

1. 省部级政府官员；

2. 股东公司董事长、总经理；
3. 社会名流；
4. 酒店高层管理人员认可按 B 级贵宾接待的重要宾客（酒店重点客户单位的实权人物）。

（三）C 级贵宾

1. 市级政府官员；
2. 厅局级负责人；
3. 各地文化和旅游局局长、酒店上级主管单位的高管人员；
4. 企业家、金融界名流；
5. 酒店高层管理人员认可按 C 级贵宾接待的重要宾客。

（四）D 级贵宾

1. 长包房客人；
2. 入住 10 次以上的客人；
3. 入住行政楼层的客人；
4. 入住套房的客人。

二、酒店管家服务

所谓管家服务，是指更专业和私人化的贴身服务。管家服务集酒店前厅、客房和餐饮等部门的服务于一身。下榻酒店的贵宾将得到专业管家的专门服务，贵宾的一切服务需要，诸如接送、行李、入住、叫早、用餐、洗衣、订票、旅行及秘书等，都由这位贴身管家负责。

管家的综合素质极高，不但要具备良好的服务意识和综合知识，还需要具备极强的沟通能力和协调能力，只有经过严格选拔和专业培训的优秀服务人员才能胜任。

目前酒店管家服务逐步从高端服务转化为常规服务，注重向客人提供高水平、个性化的服务。

三、礼宾次序

所谓礼宾次序，是指国际交往中对出席活动的国家、团体、各国人士的排列次序。礼宾次序体现了东道主对各国宾客的礼遇，在一些国际性会议上则表示各国主权的平等地位。礼宾次序安排不得当或不符合国际惯例，会引起不必要的争执与交涉，甚至影响国家关系。

礼宾次序的基本排列有以下三种：

1. 按身份、职务高低与等级排列；
2. 按英文字母顺序排列；
3. 按通知代表团组成的日期先后排列。

我国传统礼仪以左为上，为与国际接轨，在对外交往活动中，应根据国际通行的以右为上的做法安排礼仪活动。

四、接待远道来访的重要人物

1. 应派身份、地位与对方相称的人至机场迎接。

2. 在客人房间摆放花卉或客人喜欢的饮料、酒、水果、巧克力等，让客人有温馨的感觉。

3. 客人停留期间应先替其定好行程。通常第一天为来客安排的活动应该简单轻松。

4. 请教客人逗留期间是否有朋友来拜访。

5. 为来访的客人介绍城市或者送客人一本导游手册，并随时提供舒适、便利的交通服务。

6. 在正式场合，应隆重地将客人介绍给大家。

7. 在每次会议之前，为客人准备一份详细的介绍或者报告，帮助其了解每位与会者的情况。

8. 如果客人对中文不够熟悉，应为其指派一名熟练的翻译人员。

9. 在访问期间，公司的高级主管应以私人餐宴来欢迎客人。

10. 用餐时，无论何时上酒，主人都应向贵宾敬酒。

技能训练

重要人物接待服务礼仪

实训目的： 掌握接待远道来访的重要人物的服务流程及礼仪要求。

实训准备： 鲜花、饮料、酒、水果、巧克力、书、本、桌子、椅子等。

实训方法： 学生分组，角色扮演；1 名学生扮演重要人物，1 名学生扮演身份对等人员、1 名学生扮演服务员，1 名学生扮演翻译人员，角色轮换。

实训步骤：

1. 仪容仪表自检及互检。

2. 设定情景，角色分工，进入状态。

3. 正式接待：

（1）派身份、地位与对方相称的人至机场迎接；

（2）在客人房间摆放花卉或客人喜欢的饮料、酒、水果、巧克力等；

（3）抵达住所后，一般不宜马上安排活动，应留一些时间让宾客休息；

（4）客人停留期间应先替其定好行程；

（5）请教客人在此期间是否有朋友来拜访；

（6）为客人介绍来访的城市或者送客人一本导游手册，并随时提供舒适、便利的交通服务；

（7）在正式场合，应隆重地将客人介绍给大家；

（8）在每次会议之前，为客人准备一份详细的介绍或者报告，帮助其了解每位与会者的情况；

（9）在访问期间，公司的高级主管应以私人餐宴来欢迎客人；

（10）用餐时，无论何时端上酒，主人都应向贵宾敬酒。

4. 角色转换。

5. 学生互评，教师点评。

习题

1. VIP 等级制度分为几级？分级的标准是什么？
2. 什么是管家服务？
3. 礼宾次序有哪几种排列方式？
4. 如何接待远道来访的重要人物？

任务 4　前台接待礼仪

任务导入

客人在行李员的引领下来到前台，前台的小张负责接待两位客人，并为客人办理入住。

任务分析

酒店前台是“窗口”，前台服务人员是酒店客人首先接触的员工，其仪容仪表、一举一动都代表了酒店的形象，其素质直接反映了酒店的服务质量和管理水平。办理入住既满足了客人抵店休息的迫切需求，又会给客人留下对酒店的第一印象，因此要特别讲究礼仪。

任务实施

前台服务人员是酒店形象的代表，应是酒店各部门中素质最高的员工，他们是酒店的推销员、公关员、调解员、信息资料员以及业务监督员。客人对酒店的印象，甚至是否在本店留宿，往往取决于酒店前台服务员的素质。

前台的员工需要具备较高的素质，酒店应该选拔素质最高的员工在前台工作。前台员工的基本素质包括以下几方面：

一、形象礼仪

优秀的前台服务人员必须着装整洁、大方，面带微笑，主动热情，讲究礼仪、礼貌，彬彬有礼地接待客人。要头脑反应灵敏、记忆准确、表情自然，留意客人的表情和动作，掌握客人心理。许多酒店规定：前台服务员上岗前要洗头、吹发、剪指甲，保证无胡须，发型大方；化妆轻淡、朴素雅致；不使用有颜色指甲油及浓味香水等。

前台服务员的仪容、仪表、仪态礼仪直接关系酒店形象，影响服务质量、客人心情，甚至酒店的经济效益。酒店前台服务员要在仪容、仪表、仪态上给客人一个管理有素、经营有方的印象，让客人感受到尊重且以在该酒店住宿为荣，并愿意再次光临。

（一）仪容、仪表、仪态要求

1. 制服：

要完整、清洁、合身。

2. 头发：

男士不得过长、油腻、有头皮屑；女士应梳洗整齐，长发要绑好，宜戴轻巧的发饰，头发不得掩盖眼部或脸部。

3. 脸部：

男不蓄须，脸部要清爽宜人；女不化浓妆，宜稍作修饰，淡扫蛾眉，轻涂口红。

4. 口部：

口气清新，上班前忌吃有强烈刺激性气味的食物。

5. 手部：

不得留长指甲，指甲要清洁无垢，女士不可涂颜色鲜艳的指甲油，宜用淡色。

6. 脚部：

男士宜穿清洁的鞋袜。鞋子每天上班前要擦亮，女士宜穿肉色的袜子。

7. 气味：

保持身体气味清新，不得有异味，不用浓烈香水。

（二）语言

微课 15
店门服务礼仪

前台服务员不仅应有良好的仪容、仪表，而且必须语言优美，声调愉悦，语言恰当、灵活。前台服务员须掌握一两门外语，熟悉基本会话，发音标准，表达准确。

（三）行为举止

优秀的前台服务员应该做到站立标准、行为规范、举止大方，尽量克服不好的习惯，如吸烟、嚼口香糖，避免工作场所吃喝、高声叫喊、勾肩搭背、指手画脚等。

二、电话礼仪

（一）物品准备

工作的时候，电话旁边应该常备纸和笔，方便记录客户电话。

（二）左手拿话机

大多数人习惯用右手拿起电话听筒，但在与客户进行电话沟通时往往需要做文字记录。如果将话筒夹在肩膀与耳朵之间，很容易因不小心而掉落，发出刺耳的噪音，给客户带来不适。为了避免这种不良现象，提倡用左手拿听筒，右手写字或操作电脑，这样就可以轻松自如地与客户沟通。

（三）接听时间

在电话铃响起三声之内接听，如果有事情耽误了接听电话，在接起客户电话时应首先向其道歉。

（四）保持正确的姿态

微课 16
前台办理入住礼仪

接听电话过程中应该始终保持正确的姿势。可以保持端坐的姿势，不要趴在桌面边缘，使声音自然、流畅和动听。此外，通话过程中保持微笑能够使来电者感受到你的愉悦。

技能训练

前台问询服务礼仪

实训目的：掌握问询礼仪规范，代表酒店回答客人提出的各种问题，为客人提供优质服务。

实训准备：笔、纸等办公文具。

实训方法：学生分成两组，一组扮演客户，一组扮演服务员，角色轮换。

实训步骤：

1. 仪容仪表自检及互检。
2. 保持优雅的站立姿态，进入工作状态。
3. 亲切服务。
4. 客人走近时停下手上所有事情，亲切问候：“您好，请问有什么可以帮您？”
5. 尽量满足客人需求。
6. 注意形象，推销酒店。
7. 掌握住客资料，熟练使用先进问询设备。
8. 回答不了客人的询问，首先要致歉，然后想办法解决，不能马上解决的，请客人留下联系方式，确定后再告知。
9. 与客人交流时注意聆听，以示尊重。

习题

1. 前台接待对仪容、仪表、仪态有哪些要求？
2. 前台接待的电话礼仪有哪些？
3. 接听电话为什么宜用左手拿话机？

项目二　客房服务礼仪

项目介绍

通过本项目的学习，学生应了解酒店客房的服务礼仪规范，能够在提供客房服务时以礼待客，提供优质的客房服务。本项目需要完成四个任务，使学生熟练掌握客房服务礼仪。

客房服务是酒店服务中的核心业务之一，客房服务的质量和品质、客房服务人员的职业素养水平对于酒店的企业形象起着至关重要的作用。

作为酒店客房服务工作人员，应深刻认识客房服务工作岗位的重要性，能够以高标准的服务水平、礼貌周到的服务礼仪、饱含真情的待客态度为酒店客户提供最真挚的服务；深刻理解客房服务工作的高度责任感，以诚信的服务态度、严谨的工作态度、严格的岗位任务要求为酒店客户提供最安心的服务，保护客户的生命财产安全；深刻体会客房服务工作的崇高使命感，树立热爱劳动、不畏辛苦的奋斗精神，以从基层做起、从小事做起、从我做起的踏实工作作风为酒店客户提供最贴心的服务。

学习目标

知识目标：

了解客房清洁及维修服务礼仪规范；

了解客房其他对客服务礼仪规范；

了解公共区域清洁服务礼仪规范；

了解特殊情况客房服务礼仪规范。

能力目标：

能够遵循清洁房间时的礼仪规范；

能够遵循维修房间时的礼仪规范；

能够遵循擦鞋服务、洗衣服务、租借物品服务、提供免费饮品等其他服务时的礼仪规范；

能够遵循清洁公共卫生间、公共区域及使用清洁设备时的礼仪规范；

能够遵循处理客人生病、财物丢失、损坏物品等特殊情况时的礼仪规范；

具备应变能力。

素质目标：

具有尊重客人住宿习惯的意识；

具有保护客人住宿隐私的意识；

具有以“不打扰客人”为服务原则的意识；

具备安全意识。

任务 1　客房清洁及维修服务礼仪

任务导入

小王是楼层服务员，刚刚接到 818 房间李先生的电话，要求清洁房间，同时还说房间的空调不太好用，需要修理一下。

任务分析

楼层服务员小王接到李先生的电话后马上向工程部报修，然后赶到李先生的房间为其提供清洁服务。

任务实施

一、清洁房间时的礼仪规范

1. 清洁客房时，应选择在客人外出时进行，尊重客人的住宿习惯。

2. 进入客房前应按铃三次并报告本人身份，等候客人开门或确定房内无人再用工作钥匙开门。

3. 清洁房间时应开启客房房门。如需当着客人的面清洁客房，应尽量避免打扰客人，并严格按操作标准提供快捷的服务。

4. 提供相关服务时，应尊重客人隐私和住宿习惯，不翻看客人的文件，不对客人的物品和活动表示好奇。一般不宜改变客人物品的摆放位置。

二、维修房间时的礼仪规范

1. 进行简单客房维修时，维修人员应着装整洁，维修物品应摆放有序。

2. 提拿动作轻缓，尽量不影响客人休息。给客人造成不便时，应主动向客人致歉。

3. 维修时，宜使用维修专用物品和设备，不应随意使用客房物品和设备。

4. 维修完毕，维修人员应主动清扫维修垃圾，及时通知客房部整理客房，使客房尽快恢复原状。

5. 客房部应及时回访客人，对给客人造成的不便再次向客人致歉。

饭店装修或维修客房时，应用敬启信或通告的方式真诚地向客人致歉，感谢客人的理解和支持，并及时为客人提供附加服务。

技能训练

（一）客房整理服务礼仪

实训目的：符合礼仪规范地进行客房整理工作。

实训准备：房口车、清扫设备，相关工作表格、评估表等。

实训方法：学生分成两组，一组扮演客人，一组担任客房服务员，角色轮换。

实训步骤：

1. 仪容仪表自检及互检。

2. 整理房口车，注意各种布草的摆放次序。

3. 确定房间的整理次序。

4. 房口车尽量靠走廊右侧。

5. 敲门自报身份后再开始服务。

6. 客人在房间，原则上不打扰客人为佳。

7. 整理房间内容包括：检查房间、清理卧具、打扫卫生、陈设布置等。要注意动作的轻、雅及效率。

8. 整理的原则：先上后下、先里后外、先干后湿、先卧室再卫生间，环形整理，注意墙边角。

9. 各种清扫设备一定要规范使用，不能"一物多用"，或是图省事而省略操作程序。

10. 客人的物品原则上不随便挪动。

11. 关键部位的卫生情况要反复检查，如浴缸、床单等部位的毛发。

12. 房间整理完毕要对所有设备进行仔细检查，以保证设备的完好，同时填写好工作清单。

（二）清扫住客房时应遵循的礼仪

实训目的：通过实训，让学生熟悉和掌握清扫住客房时应遵循的礼仪；要求学生独立完成该实训，并总结应遵循的礼仪要点。

实训准备：工作车及清扫用具，将客房布置成客人使用过的状态。

实训方法：学生分组，一组扮演客人，一组扮演服务员，设定情景，轮换角色训练。

实训步骤：

学生完整演绎敲门—进房—清扫—告别步骤中应遵循的礼仪。(声音+动作)

1. 敲门：

将工作车停在靠近房门的走廊一侧，避免挡住通道；整理好制服及仪容仪表，敲门并自报身份。敲门时应遵循敲门礼仪，手指微微弯曲，以中指或食指第二关节部位敲门，一次敲三下（一长两短，第一下敲完间隔 2～3 秒再敲第二下，第二下敲完间隔 1 秒再敲第三下），并通报"客房服务员"或"Housekeeping"，等待客人回应。

2. 进房：

如客人有回应，服务员应说："先生/女士，您好！我是客房服务员，请问现在可以为您清扫房间吗？"等待客人开门。如果房内无回应，敲门两次后可用钥匙开门，第一次敲门与第二次敲门间隔时间约为 5 秒，客房服务员身体距门约 30 厘米。

用钥匙开门时，将门轻轻推开 30 度或者 1/2 时再次通报"客房服务员"或"Housekeeping"，并注意观察，确定房间是否有人或者有什么特殊情况。确认无人后，将房门全部打开，将工作车停在房间门口，敞开房门工作。

3. 清扫：

（1）撤房间垃圾时，切勿扔掉你认为是垃圾但客人并未放在垃圾桶内的物品，垃圾撤到工作车一侧的垃圾袋内。

（2）撤床上用品时，要一件一件地撤，避免夹带客人物品，撤下的脏布草要放到工作车一侧的布草袋内，不要放在地上。

（3）铺床或抹尘时，不要随意移动客人的物品，因操作需要移动之物应放回原处，切勿损坏客人物品；不得在客房内看电视、听音乐，使用客用卫生间，接听客人的电话，避免带来不必要的麻烦。

（4）客人如果在房间交谈，不要插话，尽量回避，不要探寻客人隐私，不得向客人索要任何物品。如客人影响操作，可礼貌地请客人让一下。

（5）清扫房间时应做到“三轻”，即走路轻、说话轻、操作轻。动作要敏捷，高效完成清扫任务，减少出入客人房间的次数，尽量不打扰客人。

4. 告别：

清扫完毕后，不在房间逗留。如客人在房间，礼貌地向客人道别，退出房间后，面向客人说：“先生/女士您好！您的房间清扫完毕，请问还有什么需要吗？”如果客人没有其他需要，则跟客人道别——“先生/女士再见”，并轻轻关门。

习题

1. 简述清洁房间的工作流程及礼仪要求。
2. 维修房间有哪些礼仪要求？

任务 2　客房其他对客服务礼仪

任务导入

小王是楼层服务员，刚刚接到 808 房间客人的电话，要求提供擦鞋服务，还想借用插线板和多要两瓶免费矿泉水。

任务分析

楼层服务员小王接到客人的电话后，马上拿着插线板和两瓶免费矿泉水赶到 808 房间。

任务实施

一、擦鞋服务礼仪规范

饭店应按客人要求和相关程序提供擦皮鞋服务，遵守承诺，按时送还。

二、洗衣服务礼仪规范

客人需要洗涤或熨烫衣服时，客房服务员应及时收取并按时送还，按规定将洗涤好或熨烫好的衣物挂放整齐。

三、租借物品服务礼仪规范

客人租借用品时，饭店应热情受理，服务员向客人礼貌申明相关租借规定。如果无法提供租借用品，应主动提供建议，尽量帮助客人解决问题。

四、提供免费饮品服务礼仪规范

提供房内免费饮品服务时，应尊重客人的需求和偏好，按时将有免费标志的饮品送至客房。

技能训练

客衣收取服务礼仪

实训目的：掌握客衣收取服务礼仪规范。

实训准备：客衣收取单、包装纸、西服套等，客房实训室。

实训方法：学生分成两组，角色扮演，角色轮换，互相检查监督训练。

实训步骤：

1. 仪容仪表自检及互检。
2. 设定情景，进入状态。
3. 上门收取客人所洗衣物，进出客房遵守服务礼仪规范，对于收到的衣物，认真检查、核对洗衣单上客名、房号是否清楚，内容是否相符；确保衣物准确无误后，及时送返楼层并与服务员做好交接。
4. 角色转换。
5. 学生互评，教师点评。

习题

1. 擦鞋服务有哪些礼仪规范？
2. 洗衣服务有哪些礼仪规范？
3. 客人租借物品有哪些礼仪规范？
4. 提供免费饮品有哪些礼仪规范？

任务 3　公共区域清洁服务礼仪

任务导入

公共区域（PA）部服务员小李负责清洁公共区域的卫生。

任务分析

小李是公共区域（PA）部服务员，负责清洁公共区域卫生，包括公共卫生间、大堂地面等。

任务实施

一、清洁公共卫生间礼仪规范

1. 公共区域服务员应做到公共区域清洁、干净、无味，见到客人应礼貌问候，适时回避。

2. 因清洁工作给客人带来不便时，应向客人致歉，客人离开时，服务员应主动为客人开门。

二、清洁公共区域礼仪规范

微课 17
客房服务礼仪

（一）清洁公共区域

在公共区域，服务员应保持专业的工作状态，步履轻盈，动作熟练。

（二）遇到客人

在操作时遇到客人，应暂停工作，礼貌问候，礼让客人。

（三）客人在工作区域谈话

客人在工作区域谈话时，清洁员应礼貌回避。

三、使用清洁设备礼仪规范

（一）使用清洁设备

服务员应保证设备整洁完好，不乱堆乱放。

（二）提拿工具

提拿工具应注意避让客人，安全、得当，符合礼仪规范。

技能训练

公共区域清洁服务礼仪

实训目的：训练公共区域清洁服务礼仪规范。

实训准备：清洁工具、提示牌、评估表等，配有镜子的空旷实训室。

实训方法：学生分成两组，一组扮演客人，一组担任服务员，互相检查训练。

实训步骤：

1. 仪容仪表自检及互检。
2. 专业设备的摆放与整理。
3. 服务中，路遇客人或上司要主动停下来打招呼。
4. 行进时，尽量靠右侧行走，以留出通道便于客人通行。
5. 地面清扫需要提示客人注意地面，在合适位置摆放提示牌提醒。
6. 清扫公用卫生间时，要摆放提示牌；如需进入，应先自报身份，原则上不打扰客人。

7. 每日的公共区域清扫，原则上按指定的路线和程序进行。
8. 已收集的垃圾要分类放置，不能造成二次污染。
9. 服务过程中打扰到客人要诚意致歉，对客人的配合、帮助要表示感谢。
10. 大型清洁服务工作原则上选择客流量少时进行，以不打扰客人为第一原则。
11. 清洁服务操作程序应按规程进行。

习题

1. 清洁公共卫生间有哪些礼仪要求？
2. 清洁公共区域有哪些礼仪要求？
3. 使用清洁设备有哪些礼仪要求？

任务4　特殊情况客房服务礼仪

任务导入

小王是楼层服务员，刚刚接到通知说828房间的客人今天遭遇了一系列不顺：感冒发烧，钱包找不到了，不小心打破了房间的花瓶。现在心情不是很好。

任务分析

小王接到通知后，马上赶到828房间，询问是否需要看医生，并协助寻找钱包，小心清理房间的花瓶碎片。

任务实施

一、客人生病时提供服务的礼仪规范

（一）住店客人生病

如果住店客人生病，酒店应派人及时探访，询问客人状况，按工作程序及时提供必要的帮助。

（二）探访客人

探访客人应把握探望时间，尽量不打扰客人休息。

二、客人财物丢失时提供帮助的礼仪规范

客人财物在客房内丢失时，酒店应派人及时到达现场，首先要安抚客人，表示同情，同时为客人提供帮助，并尽快将调查、处理结果通知客人。

三、损坏物品时的礼仪规范

（一）客人损坏酒店物品

1. 客人损坏物品的，酒店应派人及时到达现场，首先查看客人是否受伤，然后再检查物品的损坏情况。

2. 及时修补或更换被损坏物品，查明物品损坏原因，根据实际情况处理，做到索赔有度。

（二）员工损坏客人物品

1. 赔礼道歉。员工损坏客人物品时，酒店应派人及时到达现场，赔礼道歉、安抚客人，然后认真查看物品损坏状况。

2. 诚恳致歉。分清责任后，应就员工的过失再次向客人诚恳致歉，及时与客人协商赔偿事宜，跟踪处理结果。

技能训练

客人丢失财物时的服务礼仪

实训目的：符合礼仪规范地帮助客人寻找财物。

实训准备：戒指、配有镜子的实训室。

实训方法：学生分成两组，一组扮演客人，一组扮演客房服务员，角色轮换。

实训步骤：

1. 仪容仪表自检及互检；
2. 设定情景，进入状态；
3. 客人在房间里丢失了戒指，服务员安抚、协助；
4. 角色转换；
5. 学生互评，教师点评。

习题

1. 客人生病时应该提供哪些服务？
2. 客人财物丢失应该提供哪些帮助？
3. 客人损坏酒店物品如何处理？
4. 员工损坏客人的物品应如何处理？

项目三　餐饮服务礼仪

项目介绍

餐饮部的服务人员应仪容端庄、大方，着装整洁、美观，这样可以使就餐的宾客见面生喜，望而生悦，心理上产生一种信任感、愉快感，创造一个好的就餐环境。餐厅服务礼仪包括五个基本环节：餐厅预订服务、餐前准备、餐厅迎送服务、就餐服务、结束工作。

中华民族餐饮文化历史悠久，源远流长。在中国传统文化中的阴阳五行哲学思想、道家思想、儒家思想，以及各民族性格特征等诸多因素的影响下，形成了博大精深的中国饮食文化。作为酒店餐饮服务工作人员，应了解我国餐饮文化的发展历史，较好地掌握各个地区不同民族的菜式特征，形成对祖国餐饮文化的强烈自豪感和自信心，能够向来自不同国家和民族的顾客介绍中国的餐饮文化。

餐饮服务工作技能需要日复一日的刻苦训练才能熟练掌握，应树立刻苦耐劳、不畏困难、勇于挑战、敢于创新的劳动意识，通过坚持不懈的努力，提升自身的服务水平和服务质量。

酒店餐饮服务工作人员必须坚持诚实做人、诚信服务的优秀道德品质。只有诚信经营、货真价实，才能获得顾客的信任，取得长久发展；只有严把质量关，确保食品安全，提升餐品品质，才能在当今社会的餐饮行业的激烈竞争中突出重围，站得稳，走得远。

学习目标

知识目标：

掌握餐厅预订服务礼仪规范；

掌握着工装的礼仪规范；

掌握开餐与就餐服务礼仪；

掌握就餐席位的安排。

能力目标：

能够完成餐厅预订环节，注重服务礼仪；

能够完成餐厅就餐服务，并且周到得体。

素质目标：

注重服务礼仪，完成餐厅迎宾、送客服务任务，热情得体，令客人感受到尊重；

餐厅服务过程中，令客人感到称心愉快。

任务1　餐厅预订服务礼仪

任务导入

酒店宴会厅接到了客人的订餐电话，预订员热情接待，经过耐心的沟通，确定了客人用餐的时间、人数、包房、菜品及酒水需求、联系人电话等事宜。

任务分析

餐厅预订一般分为两种情况：当面预订和电话预订。当面预订是较为有效的预订方式，预订员可以通过自己的衣着、妆容、举止等来体现餐饮部门的服务水准。电话预订时，虽然客人不在现场，但是预订员通过娴熟的专业技能和标准的接听电话礼仪，同样能使客人得到满意的服务。

任务实施

一、着工装的礼仪规范

酒店的中餐厅、西餐厅等餐饮部门有各自不同的工装要求。工装具有鲜明的标识作用，可以区分工作的岗位和身份。

1. 必须穿着酒店规定的工装。
2. 工装要时刻保持整洁干净。
3. 不得擅自修改工装样式及颜色。

二、电话礼仪的基本要求

1. 电话要接听迅速。在响铃三声之内接听，避免第一声立刻接起，也不要超过三声再接听。

2. 礼貌问候，微笑接听。注意接听电话时的姿势及说话的速度，要礼貌问候、微笑接听。

3. 接电话过程中要注意力集中，认真作答，态度诚恳，详细记录。

4. 语言简洁，措辞得体。与客人对话时，吐字清晰，避免使用方言，力求语言简洁、措辞得体。

三、餐厅预订员推销的基本素质

预订员要用学到的知识和技巧，结合酒店的实际情况，列举出几种可供客人选择的选项，这样客人可以根据自己的需要选择适合自己的产品。

1. 注重仪容仪表，整洁大方，彬彬有礼。
2. 具有良好的人际交往和沟通能力，懂得消费心理学，具有敏锐的洞察力。
3. 具有良好的职业修养，一视同仁，热情服务。
4. 熟悉酒店的各项业务，具有良好的销售意识。

技能训练

预订服务礼仪

实训目的：训练预订服务礼仪规范。

实训准备：电话，前台预订所用的营业表格、笔、纸等，有镜子、柜子的实训室。

实训方法：学生分成两组，一组扮演客人，一组担任预订员，情景模拟，角色轮换，互相检查训练。

实训步骤：

1. 仪容仪表自检及互检。
2. 预订前的准备。做好情景设定，分工明确、调整心态。
3. 情景开始：接到客人的订餐电话，预订员热情接待，耐心沟通，要确定客人用餐的时间、人数、包房、菜品及酒水需求、联系人电话等事宜，做好记录，并再次跟客人确认。
4. 角色互换。
5. 学生互评，教师点评。

习题

1. 餐厅预订员推销应该具备哪些素质？
2. 接听预订电话的工作流程及礼仪要求有哪些？

任务 2　餐厅迎送服务礼仪

任务导入

酒店餐厅晚餐刚刚开始营业，迎宾员热情地接待前来就餐的客人，王先生此时走进餐厅准备就餐。

任务分析

迎送服务由迎宾员和接待员共同完成。在迎接宾客的服务中，迎宾员应保持微笑，主动问候，引领客人至餐位并拉椅等。送客服务是餐厅服务人员工作的最后一项，是巩固客人对餐厅印象的关键，做好送客服务工作要熟练掌握递接礼仪、送客礼仪。

任务实施

一、引领礼仪的基本原则

（一）根据客人的人数和需求安排座位

根据客人的人数和需求安排座位，使客人的用餐人数与接纳能力相匹配。

（二）对有预订的客人

直接引领到安排好的座位，并礼貌性地询问是否满意，如果不满意，在不影响其他客人就餐的情况下，可以调换座位。

（三）对带小孩的客人

尽量将带小孩的客人安排到离通道较远的位置，确保小孩的安全。

（四）对商务客人

商务客人就餐应安排在相对安静的环境中。

（五）在就餐高峰期

迎宾员要做好调度、协调工作，灵活地为客人寻找就餐位置，掌握客人就餐的动态。

二、引领服务礼仪

1. 热情问候。
2. 礼貌征询情况：是否有预定，有几位客人。
3. 规范引位：姿势、左斜前方 1.5 米。
4. 根据客人的要求引位。
5. 按礼仪顺序安排客人入座。
6. 拉椅让座。
7. 认真把客人的情况告诉值台服务员。
8. 礼貌告退：祝客人用餐愉快，先退一步再转身离开。

三、送客服务标准

1. 客人就餐结束后，服务人员应主动拉椅，引领客人至门口，并提醒客人不要遗落个人物品。

2. 不得催促客人，如遇特殊情况，可以与客人沟通，并告知厨师下班的时间。

3. 准确快速地为客人结账，表示感谢，并欢迎下次光临。

四、结账服务礼仪

1. 立即核实账单。

2. 账单无误后放在收款盘里或收款夹内，账单正面朝下，反面朝上，送至宾客面前，请客人过目。

3. 如果是住店客人签单，服务员要立即送上笔，同时有礼貌地请宾客出示酒店房卡或房间钥匙。

技能训练

微课 18
餐饮结账服务

结账服务礼仪

实训目的：训练结账服务礼仪规范。

实训准备：前台结账所用表格、笔、纸，有镜子、柜台的实训室。

实训方法：学生分成两组，一组扮演客人，一组担任收银员，情景模拟，角色轮换，互相检查训练。

实训步骤：

1. 仪容仪表自检及互检。

2. 设定情景：态度和蔼、精神饱满地进入工作状态。
3. 准确、快捷地核对账单，请客人过目、确认。
4. 学生互评，教师点评。

习题

1. 简述引领服务礼仪规范。
2. 送客服务标准有哪些？
3. 简述结账服务流程及礼仪要求。

任务3　开餐与就餐服务礼仪

任务导入

客人进入餐厅就座后，服务人员为客人铺餐巾、递送毛巾、斟茶、点餐等。

任务分析

餐厅服务人员应该在服务的过程中做到说话轻、走路轻、服务轻及规范操作，这样可以提高就餐客人的满意度。在客人用餐期间，应提供换餐盘、烟缸等服务，掌握点餐服务、上菜服务、席间服务礼仪等。

任务实施

微课19
餐巾折花

一、点餐服务礼仪

点餐流程及礼仪要求如下：

1. 站在客人的左后方；
2. 双手按礼宾顺序送菜单；
3. 耐心等候客人；
4. 如客人愿意，应主动帮助客人介绍推荐菜肴；
5. 认真记录点菜单；
6. 重复客人点的菜品；
7. 若客人点的菜已售完，要道歉并做解释；
8. 客人提出的特殊要求，要尽量满足；
9. 点菜完毕应该问清楚客人上菜的时间；
10. 恭请客人等候；
11. 礼貌告退；
12. 迅速准确地下单。

二、上菜服务礼仪

上菜服务流程及礼仪要求如下：

1. 上菜要迅速；
2. 把好菜的质量关；
3. 上菜动作要干净利落，做到轻、准、平、稳，不推、拉餐盘；
4. 上菜的顺序要正确；
5. 选择合理的上菜位置；
6. 准确报菜名；
7. 主菜要放在主宾的位置；
8. 菜的朝向要正确；
9. 菜上齐后应礼貌告诉客人：“菜已上齐，请慢用。”

三、席间服务礼仪

席间服务流程及礼仪要求如下：

1. 站位要正确，斟酒水在客人的右侧进行，中餐服务中上菜、派菜、撤盘从客人右侧进行；
2. 服务顺序要正确，先主宾后主人，先女宾后男宾，先主要宾客后一般宾客；
3. 上菜撤盘要细心；
4. 派菜要掌握好数量，做到分派均匀；
5. 撤盘、换烟灰缸的方法要正确，要勤换；
6. 斟倒酒水要及时，不滴洒。

技能训练

餐厅迎送客人服务

实训目的：训练学生掌握迎送宾客的基本服务礼仪及流程。

实训准备：两名学生扮演客人，桌子一张、椅子两把、外套一件。

实训方法：学生分成小组，各小组选一位组长带领组员完成迎宾、送客服务礼仪操作。

实训步骤：

1. 检查迎宾员的仪容仪表；
2. 注意客人进店后迎宾员的眼神、表情及动作；
3. 引领客人至餐位；
4. 拉椅落座；
5. 结账送客。

习题

1. 简述点餐服务流程及礼仪要求。

2. 简述上菜服务流程及礼仪要求。

3. 简述席间服务流程及礼仪要求。

任务4　酒水服务礼仪

任务导入

酒既能助兴，又能刺激食欲，也是增进感情的催化剂，完美的酒水服务能提升客人就餐的满意度。

任务分析

中餐一般常用两种酒：一种是烈性酒，如茅台、五粮液等；一种是色酒，如葡萄酒、黄酒等。饮料一般有啤酒、汽水、矿泉水等。

任务实施

斟酒服务礼仪有：

1. 斟酒前，应向来宾示意一下，征求意见。

2. 斟酒时，服务员应站在客人的右侧，右脚向前侧身而上，左脚微微踮起。右手拿瓶斟酒，手势自然，拇指在瓶的内侧，其余四指在瓶的外侧，握住酒瓶的中部，酒瓶的商标向内朝向宾客，瓶口不可碰杯口，距离1~2厘米为宜。斟酒时，动作要稳，手法要轻，慎而有礼。

3. 斟酒的顺序一般是先主宾，再主人，然后按顺时针方向逐一进行。

4. 在宾客就餐过程中，要随时注意每位宾客的酒杯和水杯，见杯内酒、水少于1/3时，应及时斟酒或续水。

技能训练

酒水服务礼仪

实训目的：通过本项任务的训练，使学生掌握斟酒服务的服务流程和技术标准，掌握斟酒服务的礼仪规范。

实训准备：盘、小毛巾，各式酒瓶、酒杯、水。

实训方法：学员分成8人/组，在实训室进行操作练习、角色扮演，互相检查、点评训练。

实训步骤：

1. 姿势：站在客人的右后侧，面向客人，右手握瓶下半部，商标要面向客人。

2. 顺序：中餐从主宾开始，西餐先女后男、先宾后主。

3. 角色扮演、互评。

4. 教师点评。

微课20
朗姆酒调制鸡尾酒

习题

斟酒服务流程有哪些？

项目四　会议服务礼仪

项目介绍

通过本项目学习，学生可了解会议服务礼仪规范；能够在提供会议服务时以礼待客，提供优质的会议服务。本项目的任务是，训练会前、会中、会后全过程会议服务应遵循的礼仪规范。

会议服务一般为全程性服务，根据会议内容的不同可能延续时间较长，为做好会议过程中每一个细节的服务，需要工作人员具有较强的爱岗敬业精神和职业责任感，具备充分的耐心、细心、爱心。充分的耐心表现为不骄躁、不催促，自始至终保持微笑服务、彬彬有礼；充分的细心表现为事无巨细，能够观察到每一处细节，提供周到细致的服务；充分的爱心表现为以最高的热忱对待每一位客户，不因客户的身份高低而区别对待，想客户之所想，急客户之所急。

会议服务工作人员应严格遵守职业道德和职业操守，对客户会议内容不询问、不议论、不外传，严格做好保密工作，如发现有泄露会议机密的行为，应及时制止和汇报；能够始终站在客户和企业的角度恪守职业道德规范，不为一己私利而做出危害客户利益和企业形象的不当行为。

学习目标

知识目标：

了解会前迎宾礼仪；

了解会场服务礼仪；

了解会后服务礼仪。

能力目标：

能够遵循会前迎宾的相关礼仪规范；

遵循续水服务、敬茶服务（如需要）等会议现场服务的相关礼仪规范；

遵循送别及清理等会后服务的相关礼仪规范。

素质目标：

能够尊重客人；

以“不打扰客人”为服务原则；

具备保密意识；

具有应变能力。

任务 1　会前迎宾礼仪

任务导入

酒店要接待一个 30 人的培训会议，宴会部服务员准备迎接客人。

任务分析

宴会部服务员接到会议接待通知单后，根据客人的要求做好各项准备工作。

任务实施

酒店经常承揽各种类型的会议，会务服务能够体现酒店的服务水平，树立企业的形象和文化。在各种会议接待活动中，酒店会务服务人员应根据不同的场合，灵活、得体地运用服务礼仪，展现出职业风采，获得公众良好的评价，树立企业的社会形象，赢得人们的信任和支持。

一、准备会议用品

（一）会场布局

根据会议的类型、人数等，结合会议室的具体情况，安排好会场布局，如回形、扇形、“U”形等。

（二）茶水具、签到准备

根据客人需求，准备好茶水具、签到桌及文具用品（一般为酒店便笺纸、铅笔等）和水果、饮料（供茶歇服务用）等。

（三）照明、音响、视频、空调准备

工程部员工协助调试好照明、音响、视频、空调等设备。

二、准备迎宾服务

（一）迎宾

会议开始前，见到客人主动微笑问候。

（二）签到

礼貌示意客人在签到簿签到，双手递送签字笔给客人。

（三）引领

引领客人到会场或休息室，面带微笑，用语礼貌。

三、衣帽寄存服务

1. 会场衣帽间应有明显的标志牌，衣架干净完好、数量充足。

2. 客人存放衣服时，服务员应礼貌问候，按递物礼仪递接存衣牌，并提醒客人妥善保管贵重物品。

3. 拿取客人外衣时，不倒拿，不拖擦。

技能训练

会议迎宾服务礼仪

实训目的：训练会议迎宾服务礼仪规范。

实训准备：笔、签到本（纸）、桌子等，有镜子的实训室。

实训方法：学生分成三组，一组扮演客人，一组扮演迎宾服务人员，一组扮演签到服务人员，情景模拟，角色轮换，互相检查训练。

实训步骤：

1. 仪容仪表自检及互检；
2. 情景设定，进入状态；
3. 迎宾、引领签到、引领到会场或指定地点；
4. 角色转换；
5. 学生互评，教师点评。

习题

1. 会议用品的准备包括哪些方面？
2. 简述迎宾服务流程。
3. 衣帽寄存服务工作流程及礼仪要求有哪些？

任务2　会场服务礼仪

任务导入

30人的培训会议开始后，宴会服务员为客人提供会议现场服务。

任务分析

宴会服务员在为客人提供会场服务时要遵循礼仪规范。

任务实施

一、续水服务规范

服务员为客人倒水时，站位合理（一般站在客人的右后侧），手法熟练，操作卫生，倒水量适宜（七八分满即可），端放茶杯动作轻巧。如客人要求摆放的是矿泉水，则注意观察是否需要补充矿泉水，递送时遵守递物规范（双手递送，标识正面朝向客人）。

二、敬茶服务规范

使用贵宾接待室的重要会议，服务员应提供敬茶服务。敬茶时应使用托盘，按照礼仪次序依次服务（先主宾后主人，然后顺时针依次进行）。端放茶杯动作轻巧。如果茶几较低，服务员应单腿弯曲采用蹲式服务，蹲姿应优雅大方。

三、现场服务规范

服务员应随时留意会场状况，及时回应客人需求；会场应设专职清洁员负责卫生间的保洁和服务工作。

会场服务会影响与会客人对酒店服务的印象，在提供会场服务时要注意以下事项：

1. 不能倚靠会场墙壁或柱子。

绝不能因为服务站立时间过长而倚靠会场墙壁或柱子。

2. 不能干扰客人。

在会场服务时应尽量不干扰讨论中的客人或正在发言的客人。

3. 语言、动作要轻。

会场服务过程中语言、动作要轻，避免影响发言者。

4. 不得随意翻阅会议文件或打听会议内容。

遵守会场规定，不得随意翻阅会议文件或打听会议内容。

5. 保密。

对于所听到的会议内容应保密。

6. 会议间歇。

会议中间休息时，与会客人若到休息区休息，清洁员应暂停工作，适时回避。遇客问候，随时礼让。

7. 茶歇服务。

如需提供茶歇服务，应提前与餐饮部沟通好，按客人要求布置好甜品、饮料、水果、咖啡/茶、配套餐具等方便客人享用；提供茶歇服务时注意食品卫生安全，按餐饮服务规范操作。随时观察客人是否有需求，并立即上前帮忙。及时清理客人使用过的餐具及其他垃圾，保证现场环境的整洁。

8. 停车服务。

酒店应为客人提供车辆进出登记服务和车位预留服务。停车场管理员应礼貌问候客人，并用规范的手势引导车辆。

技能训练

续水服务礼仪规范

实训目的：训练续水服务礼仪规范。

实训准备：水杯、水壶、桌子，有镜子的实训室。

实训方法：学生分成两组，一组扮演参会人员，一组扮演服务人员；情景模拟，角色轮换，互相检查训练。

实训步骤：

1. 仪容仪表自检及互检；
2. 情景设定，进入状态；
3. 服务员为客人倒水，站位合理，手法熟练，操作卫生，水量适宜，注意观察，适时添水；
4. 角色转换；
5. 学生互评，教师点评。

习题

1. 简述会场服务流程及礼仪要求。
2. 续水服务的礼仪要求有哪些?
3. 敬茶服务的礼仪要求有哪些?
4. 现场服务的流程及礼仪要求有哪些?

任务3　会后服务礼仪

任务导入

培训会议结束后，客人即将离开。

任务分析

客人离开时，服务员应礼貌送别客人，并清理好会议室。

任务实施

一、送别客人

（一）协助客人

客人离开会议室时，协助客人取回衣帽等物品。

（二）送别客人

服务员在门口送别客人，提醒客人带好随身物品。

（三）道别引领

客人离开时，礼貌地向客人道别，同时指示电梯方向，欢迎客人再次光临。

二、清理会议室

(一) 物品检查

客人离开后，马上检查会议室是否有客人遗忘的物品，有的话及时归还给客人。

(二) 还原会场

清理会议室，摆放桌椅，恢复原样。

(三) 保洁清扫，关闭照明

保洁清扫，关闭照明灯具，检查电气设备。

(四) 关闭会议室

进行全面的安全检查后关闭会议室。

技能训练

会议服务礼仪

实训目的：通过实训，让学生熟悉和掌握会议服务时应遵循的礼仪；要求学生独立完成该实训，并总结应遵循的礼仪要点。

实训准备：布置好的会议室、签到桌、衣帽架等。

实训方法：学生分成四组，一组扮演客人，一组扮演迎宾服务人员，一组扮演签到服务人员，一组扮演续水服务人员。情景模拟，角色轮换，互相检查训练。

实训步骤：

1. 仪容仪表仪态自检。

2. 设定情景：学生完整演绎会前迎宾、会中服务、会后告别步骤中应遵循的礼仪。(声音+动作)

3. 进入状态：

(1) 会前迎宾：

①会议开始前，见到与会客人主动微笑问候："先生/女士，您好！欢迎光临！"

②礼貌示意客人在签到簿上签到，双手递送签字笔给客人："先生/女士，您好！请在此签到，这是给您的笔。"（笔帽打开，笔尖朝向自己，双手递送，如有标识，则正面朝向客人）

③引领客人到会场或休息室，面带微笑："先生/女士，您好！这边请！"

④礼貌询问客人是否需要挂衣帽："先生/女士，您好！请问您的衣帽需要挂起来吗?"如需存放衣帽，服务员要按递物礼仪递接存衣牌，并提醒客人妥善保管贵重物品。

(2) 会中服务：

①服务员为客人续水时，应站在客人的右后侧，礼貌提醒客人，"先生/女士您好，打扰一下，帮您续水"，然后迅速为客人倒水（七八分满即可），注意操作卫生，茶杯轻拿轻放。

②如客人要求摆放的是矿泉水，则注意观察是否需要补充矿泉水，递送时也应礼貌提

醒客人，“先生/女士您好，打扰一下，给您水”，并遵守递物规范（双手递送，标识正面朝向客人）。

③重要会议提供敬茶服务时应使用托盘，按照礼仪次序依次服务（先主宾后主人，然后顺时针依次进行）。茶杯轻拿轻放。如果茶几较低，服务员应单腿弯曲采用蹲式服务，蹲姿应优雅大方，“先生/女士您好，打扰一下，请喝茶”。

④服务员提供现场服务时，应随时留意会场状况，及时回应客人需求，“好的，先生/女士，马上就好”。注意保持标准的站姿；提供服务时语言、动作要轻，避免影响发言者；遵守会场规定，具备保密意识。

（3）会后送别：

①会议结束后，礼貌地提醒客人带好随身物品：“先生/女士您好！请带好您的随身物品。”

②客人如需取回衣帽，应帮助客人找到衣帽并双手送还：“先生/女士您好！这是您的衣服/帽子。”如有需要，可协助客人穿衣。

③客人离开时，礼貌地跟客人道别，并指示电梯方向：“先生/女士您好！请慢走，电梯在您的右手边，这边请，欢迎下次光临。”

4. 角色转换。

5. 学生互评，教师点评。

习题

1. 送别客人的礼仪要求有哪些？
2. 清理会议室的流程及礼仪要求有哪些？

模块三　旅游服务礼仪

模块综述

旅游服务礼仪主要是通过旅游从业人员良好的仪容、仪表、仪态，规范得体的礼貌服务用语及标准的服务操作程序，亲切的笑脸、耐心的态度，为客人提供优质服务。

作为旅游服务工作人员，首先应较好掌握我国各地区的自然和人文旅游资源，树立对祖国壮美山河与人文历史的强烈自豪感与自信心，继承祖国优秀传统文化，并通过自身的职业行为向国内外游客宣传与弘扬祖国之美。

旅游服务工作人员既是生态环境保护事业的实际践行者，更应成为示范引领者；应不断学习贯彻国家“十四五”旅游业发展规划，明确2035年生态文明建设目标，通过日常工作中的一言一行宣传“绿水青山就是金山银山”的发展理念，以自身的职业示范作用带动全民践行保护自然资源、爱护生态环境。

在景区接待和导游服务工作中，必须严格遵守职业道德规范和旅游法律法规，诚实守信，坚决抵制“不合理低价游”等欺诈消费、变相强迫消费等不良行为，努力营造健康安全的旅游环境，强化优质服务意识，树立和维护优质旅游服务的品牌和形象。

此外，基于旅游服务工作的职业特点，旅游服务工作者必须树立吃苦耐劳的劳动精神，团结协作的团队精神，勇于担当的奉献精神，敢于创新的挑战精神，才能更好地为国内国际游客提供优质温馨的旅游服务，提升我国旅游行业在国际社会的竞争力和影响力。

本模块的学习重点是旅游行业工作岗位所需要掌握的服务礼仪，即导游人员服务礼仪和景区服务礼仪。

项目一　景区服务礼仪

项目介绍

景区服务礼仪是景区员工在工作过程中对游客表示尊重的一种行为规范。游客来到景区，首先接触到的是景区的员工，其服务礼仪是否规范，不仅代表景区的服务质量，同时也反映景区的企业文化和管理水平。因此，景区员工上岗前除了需要掌握各岗位必备的专业技能以外，还需要掌握通用的服务礼仪规范。

本项目的学习重点是旅游行业景区工作岗位所需要掌握的服务礼仪，学习基本的景区服务礼仪，通过礼貌服务用语及标准服务操作程序，为客人提供优质服务。

学习目标

知识目标：

了解旅游景区礼仪的基本知识，掌握旅游景区基本的服务礼仪知识和服务礼仪规范；

理解和掌握旅游景区服务礼仪的基本原则和规范，并正确运用所学的礼仪知识，完成基本的旅游景区服务。

能力目标：

培养学生彬彬有礼的待人接物态度；

掌握旅游景区服务礼仪的核心意义；

掌握旅游景区内不同岗位的礼仪服务要求。

素质目标：

具有基本的旅游文化素养，提升自己的气质和内涵，形成良好的个人形象；

通过学习，养成良好的礼仪习惯，提高学生的综合素质。

任务 1　景区售票礼仪

任务导入

小张经过旅游管理专业的学习，成为大连某景区的一名实习售票员，要从事售票的具体工作，他需要掌握哪些基本的礼仪呢？

任务分析

在旅游服务工作中，旅游从业人员应该注重自己的仪容仪表，更要懂得日常的交往礼仪，同时还要注意旅游接待中的礼仪。

任务实施

一、售票的主要工作内容

在了解旅游服务基本礼仪之前，我们先来学习一下旅游景区的售票工作。旅游服务售票工作包括如下几个方面：

1. 为游客提供门票并告知游客如何使用；
2. 帮助游客在景区内快速而有效地找到自己要去的地方和想看的景点；
3. 告知游客哪里是安全的，哪里是危险的，保证游客的人身安全；
4. 为游客讲解景区的文化，让游客感受到景区的魅力；
5. 满足游客在景区的餐饮和休息等方面的需求；
6. 满足游客对于拍摄和留念的需求；
7. 游客遇到特殊情况，可以及时得到服务人员的帮助。

二、仪表礼仪

仪表是指一个人的服饰等呈现出的外在形象，良好的仪表可以展现个人形象，同时有助于给游客留下良好的第一印象。景区员工的一举一动不仅代表工作人员的工作态度和精神面貌，同时也反映出景区服务和管理的质量，这些都会给游客留下深刻的印象。景区员工的仪表形象是员工技能的基本要求，仪态练习是景区员工岗前训练的重要内容。

（一）仪容

仪容主要是指人们的容貌，它与个人的生活情调、思想修养、道德品质和文明程度紧密相关。对景区服务人员仪容的基本要求是：

1. 强调自然美，精神饱满、容光焕发，具有青春活力；
2. 注重清洁卫生；
3. 发型朴实大方；
4. 妆容淡雅自然，切忌浓妆艳抹。

（二）仪态

仪态是指人在行为中的姿态和风度，良好的仪态既是体态美的展示，也是内在修养和心理状态的自然流露。良好的仪态可以反映出人们优良的品质、高尚的情操、广博的学识和独到的思辨能力，是内在美和外在美的和谐统一。仪态的外在表现包括正确的站姿、雅致的步态、恰当的手势、真诚的表情、和蔼的态度、优美的动作等。

良好仪态的作用主要包括以下几点：

第一，景区服务人员良好的仪态是服务工作的要求，是礼貌服务的重要内容，能够向旅客表示出尊重和友好。健康的身体、心理和健全的人格，反映出个人的修养水平、受教育程度，可在人际交往中塑造良好的个人形象。

第二，良好的仪态需要得体优美的体态语言，向游客表达欢迎、尊重，满足他们审美的需要，创造和谐、高雅的气氛，可以给游客留下良好的第一印象，有助于创造景区良好的工作氛围。

（三）服饰

服饰是对人们衣着及其所用的装饰的一种统称，它是人类为了保护身体、御寒保暖，满足工作、劳动、运动、休息、卫生等用途，或者是为参加各种仪式的需要而制作的。服饰是人的体形的外延，对形体美具有修饰作用，能够满足人们的审美要求。服饰还可反映人们的文化水平和道德修养。

景区服务人员的工作制服是职业服饰，不同的工种有不同的制服，它既是职业责任的要求，也是对旅客表示尊重的需要。景区服务人员服饰的基本要求是整洁挺括、利落大方、典雅美观。

三、景区售票服务标准化服务流程

（一）热情迎宾，招手示意

1. 动作：

面带微笑，关注来宾；

一号站姿，举手招迎。

2. 语言：

您好，请了解景区游玩路线。

您好！请到这边来。（2~3 遍）

您好！有什么可以帮您？

（二）主动问候，探寻需求

1. 动作：

主动问好示意；

标准站姿回答。

2. 语言：

您好，请问你们是几位？有老人和孩子吗？

有什么需要帮助吗？

好的，我简单介绍一下。

（三）协助办理相关手续

1. 动作：

协助办理手续；

双手递送物品（门票、发票、资料）。

2. 语言：

每张门票××元，一共收您××元，请稍等！

这是您的门票及发票，请收好！门票背面有我们景区地图，可以方便大家游览。

这是宣传资料，您可以简单了解一下。

技能训练

景区售票服务礼仪

实训目的：训练学生售票服务礼仪及流程。

实训准备：学生扮演游客五名、售票员两名，桌子一张、椅子两把、门票道具若干。

实训方法：学生分成两组，一组扮演游客，一组扮演售票员，情景模拟。

实训步骤：

1. 仪容仪表检查。
2. 情景设定，进入状态：游客走近售票窗口。
3. 热情迎宾，主动问询需求，协助办理，温馨提示。
4. 角色转换。
5. 学生互评，教师点评。

习题

1. 景区服务人员仪容的基本要求是什么？
2. 良好仪态的作用是什么？
3. 旅游服务礼仪的作用是什么？

任务2　景区接待礼仪

任务导入

小李经过旅游管理专业的学习，成为大连某景区的一名实习员工，将要从事景区接待的具体工作，他需要掌握哪些基本的礼仪呢？

任务分析

在旅游服务礼仪中，接待礼仪是在接待工作中尊重宾客的礼节仪式。接待宾客是旅游从业人员日常工作中最基本的内容。

任务实施

一、景区接待礼仪概述

旅游服务接待礼仪是在接待工作中形成的尊宾重客的礼节仪式。接待宾客是旅游从业人员日常工作中最基本的内容，包括迎客、待客、送客等环节。接待过程中应该体现宾客至上、礼貌服务的接待礼仪，目的是让宾客有受到尊重、宾至如归的感觉，从而更好地树立旅游从业人员和组织的良好形象，增进友谊，加强合作。

（一）咨询员接待礼仪

在接待团队游客或者散客的时候，旅游景区经常会派咨询员进行景区基本情况的介绍和售票工作，完成第一步接待任务。这一环节的工作非常重要，是游客对景区的“第一印象”。

咨询员在接待过程中应做到以下几点：

1. 着装整洁，佩戴工牌，注意仪表；

2. 接待电话咨询时，应注意铃声三响之内接起电话，对客人的问询要耐心细致地解答；

3. 咨询员应主动为走入营业厅的客人提供咨询服务，并提供宣传资料；

4. 对来访客人的咨询，不论是为购票还是好奇，咨询员都应礼貌作答；

5. 在接待客人的过程中如需接听电话，应向客人表示歉意；

6. 客人比较多的时候，可向晚到的客人打招呼，并把景区的宣传资料递上，先让客人坐下等候，然后按先后顺序接待；

7. 为客人办理旅游手续时，应提醒客人填写事项和细节，并在验证后将证件双手交还客人；

8. 接待客人投诉时，应边倾听边记录，并及时安慰客人，能答复的尽量当面答复，不能当面答复的应告知客人会尽快向上汇报，调查处理后向客人回复；

9. 客人离开时，应起立礼貌地送别客人。

（二）讲解员接待礼仪

在旅游景区接待团队游客或者散客的时候，经常会由景区的讲解员进行讲解和导览工作，完成接待任务。讲解员在接待过程中要注意以下几点：

1. 服装要整洁、整齐、大方，不能过分华丽。带团旅游，可选择休闲装或运动装。女性讲解员不宜化浓妆，不宜穿过长或过短的裙子。

2. 表情自然亲切，态度和蔼热情，语言文雅而不失幽默。

3. 接到游客后先问候大家，然后向游客致欢迎词。

4. 尊重每位游客，特别是不同国家、地区和少数民族游客的风俗习惯，尊重其宗教信仰和民族风俗。

5. 提前到达接团地点或集合地点，并展示导游标志。

6. 见到游客应主动、热情地打招呼，游客上车时，应站在门口协助游客上车，等游客全部上车后，讲解员再上车。下车时，讲解员先下车。

7. 清点游客人数时应在心里默数，切忌用手指点游客。

8. 在车上或景点做讲解时，使用语言讲解的同时可辅以手势，正确的手势应该是手自然伸出，手心向上，五指自然并拢。与游客说话切忌使用命令口吻。

9. 旅游结束，欢送游客，应提醒游客带好自己的证件及行李物品。致欢送词时，应感谢游客对自己工作的支持与合作，表达惜别之情，希望再次为大家服务。

二、景区接待标准化流程

（一）引领入园

1. 动作：

标准手势引领游客；

自我介绍建立信任。

2. 语言：

谢谢信任，很高兴担当各位的讲解员，我叫×××，您可以叫我（昵称）。

这边请，请前往通道扫码入园。

（二）有序组织，适当协助

1. 动作：

站在车旁标准引姿，引导协助游客乘车。

2. 语言：

大家好，请上车，老人孩子坐中间，请大家坐好扶稳。

（三）专业介绍，趣味问答

1. 动作：

讲解员坐在副驾位，适当回头与游客目光交流。

2. 语言：

左手边的这个景点是×××，往我右手边看，这个是×××。

（四）专业讲解，精准介绍

1. 动作：

标准仪态。

2. 语言：

大家好！现在特别为大家介绍的是……

（五）热情告别，温馨祝福

1. 动作：

站立车前，与倒车镜 45 度角告别游客。

2. 语言：

大家好！我们的游览即将结束，感谢大家一路的配合！

这是我们的游客满意度调查表，请大家对我们的服务做出评价，请在这里提出宝贵建议！一路平安，祝大家返程愉快！

技能训练

景区接待服务礼仪

实训目的：训练学生景区接待服务礼仪及流程。

实训准备：学生扮演游客五名、讲解员一名，带有镜子的实训室。

实训方法：情景模拟，角色轮换。

实训步骤：

1. 仪容仪表检查。
2. 情景设定，进入状态。

3. 游客走近景区大门：开始引领入园，有序组织上电瓶车并适当协助，专业介绍、趣味问答，景区专业讲解、精准介绍，热情告别、温馨祝福。

4. 角色转换。

5. 学生互评，教师点评。

习题

1. 简述景区咨询员接待礼仪的基本内容。

2. 景区讲解员在接待中应注意什么？

项目二　导游服务礼仪

项目介绍

导游服务礼仪主要是通过旅游从业人员良好的仪容、仪表、仪态，规范得体的礼貌服务用语及标准的服务操作程序，亲切的笑容、耐心的态度，为客人提供优质服务。

本项目的学习重点是旅游工作岗位所需要掌握的服务礼仪，主要学习旅游行业最基本的导游人员服务礼仪。

学习目标

知识目标：

了解旅游服务礼仪的基本知识，了解世界主要国家的礼俗风情及基本的礼仪知识与规范；

理解和掌握旅游服务礼仪的基本原则和规范，能正确运用所学的礼仪知识，分析实际旅游活动中的社交问题，并能提出解决的办法。

能力目标：

培养学生理解、宽容、谦逊、诚恳的态度；

培养学生庄重大方、热情友好、谈吐文雅、讲究礼貌的行为举止；

掌握旅游行业不同岗位服务的礼仪要求。

素质目标：

培养学生的个人形象、气质和职业素养；

树立良好的个人形象、岗位形象以及企业形象；

通过学习，养成良好的礼仪习惯，提高学生的综合素质。

任务1　导游员接待服务礼仪

任务导入

导游是旅行社的灵魂。导游处在接待服务的第一线，导游的服务和礼仪表现对整个旅游接待服务工作的成败起着至关重要的作用。旅游专家认为：“一名好导游会带来一次愉快的旅游……”

任务分析

导游在工作过程中要掌握好准备工作礼仪、迎送接待礼仪以及咨询接待礼仪。

任务实施

一、导游的准备工作礼仪

（一）着装礼仪

导游员的服装应简洁、整齐、大方，不能过分华丽，一般应选择休闲装、运动装、工作服及各式便装，但必须注意着装的一些基本原则和穿着禁忌，如女性不宜穿过短或过长的裙子，也不可化浓妆，男性夏季不能穿圆领汗衫、短裤等。导游在服务过程中，应佩戴旅行社的徽章或标牌。

（二）准备工作礼仪

1. 物质准备：

做好物质准备，领取和备齐各种证件和必需物品，如身份证、工作证、导游胸牌、导游旗、喇叭等。

2. 接待工作：

地陪要适时核对接待车辆、就餐安排、交通购物落实情况，确定与接待车辆司机的接头时间与地点，并督促司机将车身和车内清扫、清洗干净。备好醒目的接团标志，最好事先了解全陪的外貌特征、性别、装束等。凡导游人员到机场、车站、码头迎接客人，必须提前到达等候客人，不能让客人等候接团导游。

二、导游的迎送接待礼仪

旅游团队接送是导游人员的一项十分重要的工作，接团工作的礼仪是否周全，直接影响旅行社和导游本人在客人心目中的第一印象；而送团是带团的最后一项工作，如果前面的工作客人都非常满意，但送团工作出现不周，同样会破坏旅行社和导游人员在客人心目中的整体形象，并使前期的努力前功尽弃。为此，做好导游服务工作，迎送礼仪是十分重要的。

（一）导游迎客礼仪

1. 热情迎接：

客人到达后，导游应主动热情地迎上前去，先做自我介绍，再确认对方身份，核对团号、实际抵达人数、名单及有无特殊要求等。寒暄问候后，协助客人提拿包裹，办理相关手续；迅速引导客人来到已安排妥当的交通车旁，指导客人有秩序地将行李放入行李厢后，再招呼客人按次序上车。

2. 乘车服务：

客人上车时，导游最好站在车门前迎候，必要时用手护住门顶以防客人碰头。上车时，注意安排陪车的礼宾次序，等游客上完车后，自己再上车。客人上车就座后，礼貌地清点人数，无误后请司机开车。清点游客人数时要默数，切忌用手指点游客。下车时，导游员先下车，在车门口处协助游客下车。

3. 致欢迎词：

等到全体成员上车之后，导游应致欢迎词，宣布团队游览日程和行程计划。为帮助客人熟悉城市，可准备一些相关的出版物给客人阅读，如报纸、杂志、旅游指南等。注意观察客人的精神状态，如客人精神较好，在前往酒店途中，可向来客介绍饭店情况、活动日程，可就沿途街景介绍当地民俗风情、旅游景点等；如客人较为疲劳，则可先让客人休息。

4. 安排食宿：

根据该团的费用标准和住房标准，安排食宿等事宜。

5. VIP 客人的迎送：

(1) 迎送贵宾时，应事先在机场（车站、码头）安排贵宾休息室，并准备好饮料、鲜花；

(2) 如有条件，在客人到达之前可将酒店客房号码或所乘车牌号通知客人；

(3) 派专人协助办理出入关手续；

(4) 客人抵达前，应通知酒店总台，在客人入住的房间内摆上鲜花、水果；

(5) 宾客抵达住所后，一般不宜马上安排活动，应留一些时间让客人休息。

(二) 导游送客礼仪

1. 送客安排：

客人活动结束前，要提前为客人预订好下一站旅游或返回的机（车、船）票；客人乘坐的机舱、车厢、船舱尽量集中安排，以利于团队活动的统一协调。送客时，根据客人离去的时间，安排好购票、结算、赠送礼品、摄影留念、欢送宴会等事宜。为客人送行，应使对方感受到自己的热情、诚恳、礼貌和修养。临别之前应亲切询问客人有无来不及办理、需要自己代为解决的事情，应提醒客人是否遗落物品并及时帮助处理解决。

2. 特色礼品：

赠送的礼品要方便携带，突出地方特色，具有保存价值。送站人员应尽量帮客人将行李安顿好。

3. 致欢送词：

送行途中，导游要致欢送词，使旅客感受到自己的热情、诚恳、教养和礼貌，并祝大家旅途愉快，欢迎再来。

4. 返回：

火车、轮船开动以后，应向客人挥手致意，祝客人一路顺风，然后再离开。如果自己有其他事情需要处理，不能等候很长时间，应向客人说明原因并表达歉意。

三、游览讲解礼仪

(一) 导游的仪容仪表规范

导游仪容仪表基本要求有以下几点：

男性要展现出刚毅、果敢、机智、稳重的个性风采，充分展示男性的阳刚之美。

女性要尽量展示出稳重、贤淑、典雅、端庄而不失敏捷的个性风采，充分体现东方女性的温柔、含蓄之美。

修饰仪容的基本要求：美观、整洁、简单、得体。

(二) 导游恰当的手势和表情

1. 导游的手势：

得体的手势有助于清楚地表达自己的意思，是个人心情的自然流露。但手势不要太多，动作不宜太大。

2. 导游的表情：

表情是心情在面部或身体姿态上的表现，通过面部形态的变化传达出内心情感。表情温和、含蓄叫色温，是社交场合中的最佳表情。达到色温的具体途径就是制怒，以理智战胜感情冲动称为制怒。色温须制怒，易怒难色温。色温与制怒是为人处世的艺术。

表情主要表现在微笑和眼神两个方面。

（1）微笑能有效地缩短交往双方的距离，营造良好的心理气氛。微笑要亲切、自然、含蓄而不夸张。

（2）眼神要目光友善、谦逊、真诚、坦然、自信。运用眼神进行交流时要注意：面对面谈话时目光活动的范围应在对方头部、肩部或胸部以上自然流转，而不可在对方全身上下乱扫一气。如果有较多交谈者在场，应以环视或虚视的目光有意识地顾及在场的每一位。热情友善、真诚正直的目光能赢得别人的好感和信任，有利于人与人的沟通。

导游表情的总体要求是热情友好、从容镇定、宽容随和、坚定自信，要随着讲解内容和情感的改变而富于变化。

(三) 导游的服饰规范

导游的着装规范是整洁、得体、美观、大方。服装式样不能太怪异、太暴露，用于点缀的饰物不宜过多，要充分考虑服装款式、颜色是否与景区景点环境及讲解内容相协调。

1. 男士西服着装的注意事项：

（1）要合体。西服外套、裤子的长短肥瘦要合适，不能过长或过短、过肥或过瘦。

（2）要注重与衬衫的搭配。要选择干净、熨烫平整、衣领挺括的衬衫，衬衣领口比西装高出 1 厘米左右。颜色要与西服的颜色协调。西服宜选择深色或灰色，比较适合正式场合。衬衣下摆应掖进裤腰里，衬衣袖略长于西服 2 厘米左右。领口、袖口的扣子扣好。

（3）穿西服要打领带或领结。领带的长度以到皮带扣处为宜，领带夹夹在衬衫第三、四粒扣中间。

（4）西服必须与正装皮鞋相配套，并注意鞋袜的配合。注意鞋的颜色与正装的颜色和谐一致，最佳颜色的皮鞋为黑色或棕色；袜子宜为黑色、灰色、藏青色长腰棉线袜。

（5）正确系纽扣。双排扣西服纽扣都应扣好；单排两粒扣西装只需扣上面一粒，三粒扣只扣中间一粒。

（6）西服的衣袋和裤袋不要放任何东西，更不能将手随意插在衣袋中，有失风度。

（7）裤线要挺直。

2. 女士套裙着装规范：

（1）要穿连裤袜或长筒丝袜，要选择与皮肤颜色接近的肉色丝袜。

（2）套裙与中跟或高跟皮鞋搭配，使人显得亭亭玉立，充满朝气。皮鞋应为船型鞋，不能穿鱼嘴鞋或露脚跟的鞋。

（四）导游礼仪行为规范

1. 称呼礼仪：

（1）一般规则：

符合对方的身份，准确体现双方之间关系的亲疏程度。“您们”的用法并不符合现代语法规范。对男士可统称“先生”；对德高望重、在社会上享有一定威望的女士也可称“先生”。对不了解婚姻状况的女子可泛称“女士”或“小姐”，但切不可妄称“夫人”。“公”字一般用于年轻、资历浅者称呼年长、资历深者。年资相仿可互称“公”以示相互敬重。对德高望重者尊称“公”较为普遍。学位中只有博士才用于称呼使用。称呼职务时可隐去“副”字。

（2）原则：

让关系亲近的人感到亲切，让关系疏远的人感到受尊重。

2. 介绍礼仪：

（1）把男士介绍给女士；

（2）把年轻者介绍给年长者；

（3）把职位低者介绍给职位高者；

（4）把未婚者介绍给已婚者；

（5）把主人介绍给先到者；

（6）把晚到者介绍给先到者；

（7）同性别，年龄、地位相等的平等介绍；

（8）自我介绍应注意把握时机并简要介绍。

3. 握手礼仪：

（1）握手的顺序：

主客之间，主人先伸手；年长与年轻者之间，年长者先伸手；身份、地位不同者之间，应由身份和地位高者先伸手；女士与男士之间，应由女士先伸手。

（2）握手应注意的问题：

双目一定要注视对方，微笑致意或问候。握手时须用右手，要掌握好力度。不要抓住对方的手使劲摆动或抓住人家的手长时间不放。如对方伸出手不要拒绝。老人和贵宾向你伸出手时应快步上前，用双手相握，并热情问候与致意。男士握手前应脱下手套，摘下帽子；女士可以不脱手套。

（3）人多时握手应掌握的原则：

先女士后男士，先长辈后晚辈，先近后远；不可交叉握手；握手以 5 秒钟左右为宜。

4. 沟通与交流礼仪：

（1）交谈礼仪：

尊重、热情、诚恳、亲切、宽容。注意事项有三：一是不能训斥、挖苦别人，不要随便纠正对方，不随便质疑、补充别人的话；二是语言清晰标准，讲普通话；三是交谈内容应是对方擅长的话题、时尚的话题或格调高雅的话题。

（2）导游语言交流与沟通规范：

以宾客为中心，多加肯定和赞誉，谈吐得体谦逊，使用征询、委婉的语气。

（五）导游讲解礼仪规范

导游服务工作包括迎接、讲解、道别。其中，讲解须准确顺畅，业务熟悉，知识面广；内容健康、规范，热情。

答复游客的提问或咨询，要耐心细致、不急不躁，尽量做到有问必答、有问能答；对回答不了的问题，致以歉意。

与游客进行沟通时，说话态度诚恳谦逊，表达得体，如“请您随我参观”“请您抓紧时间，闭馆时间快到了”“欢迎您下次再来”，等等。

技能训练

微课 21
导游服务礼仪

导游迎客服务礼仪

实训目的：训练学生导游迎客服务礼仪及流程。

实训准备：柜子、带有镜子的实训室。

实训方法：学生分组三组，一组扮演游客，一组扮演导游员，一组扮演酒店前台接待人员，情景模拟，角色轮换。

实训步骤：

1. 仪容仪表检查；
2. 情景设定，进入状态；
3. 游客下飞机、火车、轮船：热情迎接，乘车服务，致欢迎词，安排食宿，热情告别，温馨祝福；
4. 角色转换；
5. 学生互评，教师点评。

习题

1. 导游员的迎客礼仪主要有哪些？
2. 导游员在接待 VIP 游客时应注意哪些问题？

模块四　其他服务礼仪

模块综述

本模块主要介绍窗口服务礼仪、公共交通服务礼仪。窗口服务礼仪主要介绍银行柜台服务礼仪、政府行政大厅服务礼仪、保险服务（查勘定损）服务礼仪，以及窗口单位晨会流程及其礼仪；公共交通服务礼仪主要介绍出租车（网约车）服务礼仪、公交车服务礼仪、航空客舱服务礼仪、高铁服务礼仪。本模块的学习重点是服务流程、基本要求及训练方法。

项目一　窗口服务礼仪

项目介绍

窗口服务，就是窗口岗位的服务工作，也可以称作临柜服务、柜员服务，是最基层的柜台服务，但它也是最重要的门面服务，是做好业务的源头和落脚点。临柜服务的质量是否让客户满意，直接关系单位的社会形象。窗口服务工作人员，一要熟练掌握专业操作流程，二要灵活运用服务礼仪。

服务礼仪遍布各行各业，是社会文明的缩影，窗口服务人员的基本职业服务素质包括：

1. 礼貌服务——规范服务用语；
2. 主动服务——提升服务意识；
3. 热情服务——增加服务魅力；
4. 周到服务——关注服务细节；
5. 超常服务——超出服务想象；
6. 感动服务——跨越服务新境界。

窗口服务必须在基础礼仪的基础上将以上素质充分展现出来。窗口服务作为服务文化建设的一个重要组成部分，对服务流程的设计、梳理和更新也是学员的基本素质要求。

服务流程梳理“八步”：

第一步：梳理程序；

第二步：编写口诀；

第三步：制作表格；

第四步：设计话术；

第五步：融入礼仪；

第六步：拍摄图片；

第七步：制作视频；

第八步：持续优化。

本项目主要介绍银行柜台服务礼仪、政府行政大厅服务礼仪、保险服务（查勘定损）服务礼仪以及窗口单位晨会流程及其礼仪等。

窗口是政府机关、企事业单位直接服务群众的重要平台，窗口服务工作人员的礼仪礼节、道德素养直接影响到政府和企业的形象。

作为窗口工作人员，首先应具备强烈的服务意识，牢固树立全心全意为人民服务的宗旨，更新观念，明确自身定位，思想上尊重群众，情感上关心群众，立足“小窗口”做好“大服务”，展现出政府机关和企事业单位的服务型社会形象。

其次，应具有热情待人、乐于助人、甘于奉献的思想品质，能够站在人民群众的立场，设身处地为群众着想，急群众之所急、解群众之所忧，不计较个人利益，有耐心、有诚心、有爱心，对客户不区别对待、不嫌弃、不厌烦，真心实意为人民群众办事。

最后，应具有爱岗敬业、严守规矩、开拓创新的职业精神。窗口服务工作是政府及企业形象的代表，但是工作内容繁杂、琐碎，需要工作人员以高度的岗位责任心和敬业精神，严格遵守服务规章，不断钻研和改进服务方法，高质量完成每一个服务细节。

学习目标

知识目标：

了解窗口服务人员专业流程、规范礼仪的重要性；

掌握窗口服务八步的基本内容、基本要求和基本技巧。

能力目标：

能够按照窗口服务的要求，学习和领悟服务礼仪、服务流程；

能够熟练、灵活地面对每一位客户。

素质目标：

服务礼仪保证所有人都会做；

标准流程约束所有人必须做；

服务文化影响所有人愿意做。

任务1　银行柜台服务礼仪

任务导入

银行是经营货币商品的特殊企业，是服务千家万户的金融服务企业，是经营信用的特殊服务行业，它既有一般行业的共性，也有其自身的特性。那么，如何让银行的客户一进大堂就赏心悦目呢？

任务分析

本次任务要求大家在掌握基本的服务礼仪的基础上，把它串联到临柜的业务当中，即把礼仪的手语、眼语、体语、笑语、口语集中到八步流程中，让客人感受到愉悦、清新和温暖。

任务实施

银行临柜“八步”：

1. 站相迎：

您好！欢迎光临！请坐！（端举右手，微笑问候）

2. 笑相问：

请问您办理什么业务？（双手叠放，探身询问）

3. 双手接：

好的，请把资料递给我，谢谢！（双手接物）

4. 巧营销：

先生/女士（看对方），您的业务大概需要5分钟，这里有最新产品介绍（指向柜台），您可以简单了解一下。

微课22

银行临柜服务

5. 勤推荐：

如果您感兴趣的话，我可以请同事帮您做详细介绍。（看对方）

6. 快速办：

先生/女士，请输入密码，请确认，请用正楷字体签名。谢谢！（手势指引）

7. 提醒递：

先生/女士（双手叠放，探身询问），请问您对我们的新产品感兴趣吗？我马上请客户经理为您做详细介绍。请问您还有其他业务要办理吗？好的，这是您的全部物品，请点清收好！（双手递物）

8. 热情送：

谢谢！再见！请慢走！（鞠躬30度送别礼）

技能训练

银行柜员服务礼仪之服务“八步”

实训目的：熟练掌握银行服务礼仪（临柜“八步”）流程及礼仪内容。

实训准备：

1. 模拟银行大堂：大堂经理台、柜台、等候区、填单台和自助机。
2. 重点说明易错点：

（1）巧营销和勤沟通环节目光注视点易混淆；

（2）输入密码的转头时间；

（3）“请坐”和“请点清收好”两个“请”字细节。

实训方法：教师示范，学生练习。

实训步骤：

1. 学生无声观察教师示范一遍；
2. 小组集体练习；
3. 1∶1角色交换练习；
4. 抽查后点评；
5. 学生依次进入柜台体验；
6. 教师提供20个常见问题，请同学扮演客户；
7. 教师点评；
8. 学生写总结。

习题

1. 熟记银行柜台服务“八步”。

2. 以小组为单位，到四大银行（即中行、工行、农行、建行）窗口调研柜台服务“八步”落实情况，并进行服务对比与业务对比。

任务 2　政府行政大厅服务礼仪

任务导入

政府政务服务在当今已经进入老百姓的工作和生活当中。改善营商环境从服务抓起，政府的窗口服务要从效能建设入手，既要求效率又要求质量。政府在窗口服务当中也需要把临柜“八步”植入服务的建设当中。

任务分析

一言一行彰显服务意识，一点一滴情系百姓民生。本次任务主要是要求学生在掌握基本的服务礼仪的基础上，把它串联到政府窗口单位的业务当中，把礼仪的手语、眼语、体语、笑语、口语集中到“八步”流程中，让客户感受到人民政府为人民的诚意。

任务实施

政府行政大厅服务“八步”：

1. 站相迎：

您好，欢迎光临！请坐！（端举右手 3 秒，示意入座）

2. 笑相问：

请问您办理什么业务？（目视对方）

3. 双手接：

好的，请把资料递给我，谢谢！（双手接物）

4. 巧解释：

先生/女士（看对方），您的问题是这样的……

5. 勤沟通：

（1）对不起，您这项业务请到××窗口（房号）办理。——非本人职责时（单手指示）

（2）请稍候，我给您联系（我帮您问下别的同志）。——非本人职责时

6. 快速办：

先生/女士，请输入密码，请确认，请签名。（指示）

7. 提醒递：

先生/女士，您的业务办好了。（目视对方，双手递物）

（1）请您保管好资料（身份证、社保卡、退休证）；

（2）请您再到××窗口（房号）办理（签字、领款）；

（3）请您××月××日再来报销；
（4）请您××月××日来领取社保卡（存折、退休证）；
（5）您的社保卡（存折、退休证）已办好，请签收。
8. 热情送：
谢谢，请慢走！（端举右手，招手送别）

技能训练

政府行政大厅服务礼仪（业务办理“八步”）

实训目的：掌握政府行政大厅服务礼仪（业务办理“八步”）流程及礼仪内容。

实训准备：

1. 模拟政府政务大厅：大厅经理台、柜台、等候区、填单台、自助机。
2. 重点说明易错点：

（1）指引手势使用较多，要规范；
（2）专业术语要熟悉；
（3）各种表格和政策资料要提前学习；
（4）“请坐”和“请点清收好”两个“请”字细节。

实训方法：教师示范，学生练习。

实训步骤：

1. 学生无声观察老师示范一遍；
2. 小组集体练习；
3. 1∶1 角色交换练习；
4. 抽查后点评；
5. 学生依次进入柜台体验；
6. 教师提供 20 个常见问题，请同学扮演办事群众；
7. 教师点评；
8. 学生写总结。

习题

1. 熟记政府行政大厅服务“八步”。
2. 以小组为单位，到当地各个区域的行政大厅调研服务“八步”落实情况，并进行服务对比。

任务 3　保险服务（查勘定损）服务礼仪

任务导入

随着市场竞争的加剧，各保险公司为求发展，无论是客户还是公司内部，都迫切要求做好服务。服务力是软实力，是竞争力，服务礼仪是最重要的名片。

以某财险公司的窗口服务为例，主要包括查勘定损流程、承保流程和理赔流程。

任务分析

本次任务主要是以查勘定损流程为主，要求大家在掌握基本服务礼仪的基础上，把它串联到查勘定损流程当中，也就是把礼仪的手语、眼语、体语、笑语、口语集中到流程中，让客人感受到快捷、贴心、高效和专业。

任务实施

保险服务（查勘定损）“八步”：

1. 确认身份：

接到调度后，5分钟内与客户进行电话联系：

您好！我是××财险查勘员×××，请问您是刚才报案的×××先生/女士吗？您刚才是发生（核实报案信息提供的相关内容或损失部位）……吗？

2. 安抚客户：

请您不要着急，我会全力协助您处理好这次理赔的。

请问您目前的具体位置是在××吗？我目前在××位置，我预计需要××分钟才能赶到，请您准备好您的驾驶证、行驶证、被保险人身份证以及银行卡（较大事故除外），请您稍等，并注意安全！

您好！×××先生/女士，我是人保财险查勘员×××，很抱歉，由于堵车，我不能在约定的××分到达现场，预计××分钟到达现场。请您注意安全。（遇突发事件不能到达现场，提前电话向客户做出解释）

3. 相互认识：

与客户见面时主动问好，认识对方并介绍自己。

你们好！请问哪位是×××先生/女士？您好！（握手）×××先生/女士，我是××财险查勘员×××，请您不要着急，我会全力协助您处理好这次理赔的。

4. 快速处理：

这是我们公司赠送的矿泉水，请您饮用。（双手递水）请您提供驾驶证、行驶证、被保险人身份证以及银行卡，我们将及时把赔款汇到您的账户。

5. 查勘现场：

请您简单描述一下事故发生过程以及损失部位。现在我开始为您查勘，请您稍等！（拍照）

6. 商议处理：

×××先生/女士，由于有一些单证需要您签字，请您到我车上坐一下。（指引手势，帮客户开车门）

×××先生/女士，您请坐！（出具现场查勘快捷处理单，耐心向客户解释并请求客户签字确认）（现场能定损的情况下）

×××先生/女士，这是您的理赔单证，您的车辆损失共××元，这是我们保监局的理赔提示，请您看一下；您这次损失不大，如果需要理赔的话，请您签字。如果您不需要理赔的话，请您拨打95×××注销。

7. 专业建议：

现场查勘完毕，您的车辆损失较大，现场不能定损，请您到维修厂后联系我或拨打95×××联系定损。

8. 礼貌告别：

（1）“这是我们的服务监督卡”（展示正面，并做出说明），“您在理赔过程中如有问题，请您及时与我联系，我将帮您协调处理。这是我的联系方式。”（指示动作）

（2）展示卡片背面并说明：“如您对我们的服务有任何的意见或建议，或者对查勘、定损过程中还有什么异议，可以直接拨打我主管的电话，主管的名字叫×××，这是他的联系方式，（指示动作）请您收好！”

（3）请问您还有不清楚的地方需要我解释的吗？（下车前询问）

（4）好的，请稍等！

（5）请下车，请小心！

（6）本次查勘结束，感谢您的配合！

（7）谢谢！请慢走！

技能训练

保险服务（查勘定损）礼仪（理赔“八步”）

实训目的： 熟练掌握保险服务（查勘定损）礼仪（理赔“八步”）流程及礼仪内容。

实训准备：

1. 准备好模拟某财险公司的查勘定损物品：查勘车、卷尺、矿泉水、驾驶执照、行驶证、银行卡、私家车、学生扮演客户1~2人、快捷理赔单。

2. 重点说明易错点：

（1）堵车打电话时一定要用耳机或者蓝牙；

（2）专业术语要熟悉；

（3）可定损情况和不可定损情况都要练习；

（4）见到客户握手、递水、要证件的动作；

（5）查勘测量和拍照动作（人车合影）是重点；

（6）最后介绍服务监督卡的手势和告别手势。

实训方法： 教师示范，学生练习。

实训步骤：

1. 小组集体练习；

2. 1∶1角色交换练习；

3. 抽查后点评；

4. 学生依次进入实景练习；

5. 教师提供五个常见问题并请同学扮演客户；

6. 教师点评；
7. 学生写总结。

习题

1. 熟记保险理赔服务“八步”。
2. 以小组为单位，到中保、平安、泰康、太平洋保险公司窗口调研服务“八步”落实情况，并进行服务对比与业务对比。

任务4　窗口单位晨会流程及其礼仪

任务导入

小晨会大工具，窗口单位的晨会是服务管理的重要工具。晨会具有以下的作用：员工的加油站，团队的大家庭，鞭策先进，辅导培训，提升形象。因此，晨会的学习与练习不是可有可无的，而是必须持续推进。

任务分析

本次任务主要是要求学生理解晨会的作用。晨会成功与否直接影响大家的士气，影响工作的业绩，把晨会开好能够增强员工工作的积极性。

任务实施

一、晨会准备

队形、口号、昨日数据（相关信息：巡查表、督导表、通报信息、人员调配记录、突发事件记录等）。

二、晨会流程

1. 问候：
主持人问候：大家好！
好！很好！非常好！我们会更好！耶！
2. 报数：
应到××人，实到××人，报数完毕！
3. 形象检查：
自检；
互检。
4. 礼仪（话术）复习：
（1）服务礼仪基础训练；
（2）服务流程基础训练。

5. 请同事汇报工作业绩：
业绩突出者分享。
6. 请主管讲话：
（1）全部表扬；
（2）个别表扬；
（3）总结昨日；
（4）安排今日（重要信息通报）。
7. 互动创新环节：
愉悦分享。
8. 口号、敬礼、退场：
主持人问：我们的口号是——××××。（齐声回答大家）

技能训练

窗口单位晨会流程及礼仪

实训目的：熟练掌握窗口单位晨会流程及礼仪内容。
实训准备：
1. 最少准备五个人进行练习。
2. 事先选好主持人、主管和业绩汇报人。
3. 定好并排练好游戏、口号、队形。
4. 重点说明易错点：
（1）问好时鼓掌不整齐；
（2）报数没有气势；
（3）口号不响亮，队形不整齐；
（4）礼仪复习不到位，流程复习不规范；
（5）游戏规则没有说清，导致游戏无聊无趣；
（6）业绩汇报和优秀员工表扬内容空洞；
（7）无计划、无变化，无歌声、无笑声。
实训方法：
学生分组，角色轮换；教师示范，学生练习。
实训步骤：
1. 开始练习（练习前各小组要事先熟悉晨会流程）；
2. 学生配合教师，教师带领主持人和主管示范一遍；
3. 小组集体练习五遍以上；
4. 小组间讨论改善点；
5. 同学互评；
6. 学生写总结。

习题

1. 熟记晨会流程及礼仪。
2. 以小组为单位，模拟晨会，轮流交换主持人、主管、培训师的角色。

项目二　公共交通服务礼仪

项目介绍

公共交通也称大众运输，泛指向大众开放并提供运输服务的交通方式，如人们经常使用的出租车（网约车）、公交车、飞机、高铁等公共交通工具。公共交通服务礼仪尤为重要，用语文明、着装规范、仪态得体可以彰显现代文明素养，体现对旅客最大的尊重；学习公共交通服务礼仪，能够在常规服务中通过提供特色服务提升服务品质，能够在服务过程中有礼有节、从容优雅。本项目主要介绍出租车（网约车）服务、公交车服务、航空客舱服务及高铁服务礼仪。学生通过学习和训练，提升服务品质，在服务过程中，要有礼有节、从容优雅，保持优质的服务形象。

基于公共交通大众化、公益性和普遍运量大、集中化的行业特点，作为公共交通服务人员，应该具备以下职业精神和道德品质。

一是牢固树立交通安全重于泰山的安全责任意识。交通运输安全事关人民群众的生命财产安全，而交通运输服务人员正是交通安全的第一道防线，也是最重要的防线。只有交通运输工作人员从根本上树立安全意识和责任意识，提升安全防护技能，严格遵守操作流程，细心把握好每一道安全关，才能保障人民群众的交通出行安全，推动构建安全、安稳、安心的社会交通运输体系。

二是牢固树立全心全意为人民服务的服务意识。随着我国人民生活水平的提高和交通事业的快速进步，人们对于公共交通服务的需求更加多样化，对服务质量也提出了更高要求。公共交通服务人员必须转变思想，找准定位，更新服务理念，提升服务技能，始终保持诚实守信、礼貌规范、热情周到的服务态度和服务精神，增强作为“交通人”的职业自豪感和社会责任感。

三是具备积极乐观、吃苦耐劳的职业品质和团结协作、互帮互助的集体主义精神。由于交通运输的时空转移特点，交通运输服务工作会有倒班、加班、临时出勤的工作安排，也会面临各种突发事件和情绪激动的乘客，需要服务人员能够不骄不躁，保持乐观阳光的心态和吃苦耐劳的职业精神。

公共交通运输工作是一项系统性工作，需要各个岗位、各个班组间协同配合才能顺利安全完成运营服务工作。公共交通运输工作人员必须树立大局意识和集体主义精神，不计较个人得失，服从管理，服从调度，培育高度协同配合能力。

学习目标

知识目标：

了解公共交通服务礼仪、服务意识、服务流程操作的重要性；

掌握服务流程；

掌握规范服务、优质服务的基本内容、基本要求和基本技巧；
能够将礼仪基础动作要求熟练地融入服务流程全过程。

能力目标：

具有礼仪基础动作、服务流程全程熟练运用的能力。

素质目标：

具有优雅仪容美的素养；
塑造责任、规范、敬业和创新的职业素养；
具有将心比心、主动高效的服务意识；
具有快速执行力和敏捷应变力。

任务1　出租车（网约车）服务礼仪

任务导入

出租车（网约车）的从业人员要具有良好的服务意识和规范意识。良好的服务行为是这个岗位对每个人的基本要求，也是提升服务品质的基础和前提。那么，出租车（网约车）的服务礼仪要从哪些方面规范和训练呢？

任务分析

出租车（网约车）服务礼仪训练要求在电话、见面、介绍、帮扶、提示等方面给乘客留下体贴、温馨、周到和灵活的印象。

任务实施

一、出租车（网约车）接机（接站）服务流程及礼仪要求

1. 电话确认：

确认乘客并告知乘客本人姓氏和车型、车号，同时提示本地天气情况。

2. 及时关注：

从相关手机软件及时了解航班动态。

3. 亲切问候：

见面时举牌，见面后握手问候。

4. 快速引领：

协助拿行李并指引停车位。

5. 清晰介绍：

告知酒店名称、行程时间及相关事项。

6. 安全提示：

提示系安全带等注意事项。

7. 巧妙沟通：
适当提示休息或者介绍当地风土人情。
8. 热情送别：
到达目的地后快速取出行李，并祝乘客一切顺利。

二、出租车（网约车）行驶中的服务礼仪

1. 安排座位；
2. 确认目的地；
3. 询问同行者；
4. 调整车内音乐；
5. 调试空调；
6. 提醒系安全带；
7. 提示休息；
8. 取放行李。

技能训练

出租车（网约车）服务礼仪

实训目的：熟练掌握出租车（网约车）服务流程及礼仪要求。
实训准备：模拟出租车（网约车）车厢场景。
实训方法：学生分组，角色轮换扮演，教师示范，学生练习。
实训步骤：
1. 学生无声观察教师示范一遍；
2. 小组集体练习；
3. 1∶1 角色交换练习；
4. 抽查后点评；
5. 学生依次进入车厢体验；
6. 学生互评，教师点评；
7. 学生写总结。

习题

1. 简述出租车（网约车）接站（接机）的服务流程及礼仪要求。
2. 出租车（网约车）在行驶中有哪些礼仪要求？

任务 2　公交车服务礼仪

任务导入

公交车是流动的城市标志和文明符号。公交车的司乘人员面对的多是普通民众，文明

素质参差不齐，要有极好的服务耐心，这也是提升公交服务品质的基础和前提。那么，公交车司乘人员的服务礼仪要从哪些方面规范和训练呢？

任务分析

公交车司乘人员服务礼仪的运用要体现耐心、主动、准时和敬业。

任务实施

一、检查广播

公交车司乘人员要检查广播是否正常、音量是否合适。

二、确认地点

外地人或对线路不熟的人上车常会询问该坐到哪一站下车，公交车司机要帮助确认下车地点。

三、稳缓启动

公交车应缓慢、稳步启动，这是对乘客的关心与尊重。

四、关注老幼

公交车应反复广播照顾特殊乘客的内容。

五、提示安全

公交车应提示乘车安全：站好、扶好，防摔倒、防盗。

技能训练

公交车服务礼仪

实训目的：熟练掌握公交车服务流程及礼仪要求。

实训准备：模拟公交车车厢场景。

实训方法：学生分组，角色轮换扮演；教师示范，学生练习。

实训步骤：

1. 学生无声观察教师示范一遍；
2. 小组集体练习；
3. 1∶1 角色交换练习；
4. 抽查后点评；
5. 学生依次进入车厢体验；
6. 学生互评，教师点评；
7. 学生写总结。

习题

1. 公共交通服务人员能力素养有哪些要求？
2. 驾驶员在车上不能放什么音乐？
3. 为什么要在乘客上车后再次询问目的地？
4. 司乘人员对外地人的周到服务在哪些方面可以做得更好？
5. 司乘人员遇到没带零钱又没有带卡的乘客时应该怎么办？

案例分析

（一）

某司机热情异常，看见客人拿行李帮着放在后备厢后，又热情帮助拿手包。客人拒绝。行车时音乐声音很大，司机还不停地嘘寒问暖，问东问西。客人昏昏欲睡司机还是滔滔不绝。

请问司机的行为有什么不妥？怎样改善？

（二）

一位外地乘客错过了下车站点，司机发现时已经错过两站。司机马上大声提醒该外地乘客，并且告知如何返回到对面乘车。

这体现了什么样的服务精神？

任务 3　航空客舱服务礼仪

任务导入

航空作为高端服务业对服务品质有更高的要求，航空乘务人员要时刻保持良好的形象，将优质服务融入航空客舱服务流程中。

任务分析

航空乘务人员在客舱应为乘客提供高品质的服务，其服务流程及礼仪要求有哪些呢？

任务实施

航空服务礼仪是指空乘人员在飞机上的服务工作中应遵守的行为规范，包括空乘人员在客舱服务中的各服务环节，如在客舱迎接旅客登机、与旅客的沟通、飞行中的供餐、为特殊旅客提供特殊服务等。

一、迎客登机

各号位乘务员走到指定位置，问候登机进舱的乘客：“您好，欢迎登机！”施 30 度鞠躬礼。

礼仪要求：站姿挺拔，热情迎接，微笑鞠躬问候，步态轻盈。

二、引导入座和安全检查

礼仪要求：热情亲和，目光专注，手势到位，蹲姿优雅，双手递接。

（一）询问旅客座位

空乘人员应双手递接登机牌。

（二）引导手位

1. 高位引导手势："您的座位号在行李架下方，请对号入座。"
2. 中位引导手势："先生您的座位号在 20 排 D 座，请往里走。"
3. 低位引导手势："女士您好，请系好安全带！"
4. 放低姿态服务，让乘客感受到充分的尊重，下蹲说："我来帮助您。"

三、客舱服务

在客舱服务过程中善用鞠躬礼表达尊敬，鞠躬感谢、鞠躬致歉、礼貌握手。

"先生您好，飞机起降阶段请关闭电子设备，感谢您的配合。"（感谢目光）

"女士很抱歉，航班因为天气原因延误了，我们会及时为您提供最新消息。"（道歉鞠躬）

工作中如遇乘客向机组成员热情握手，应礼貌回礼，尊者为先。（握手）

四、旅客下飞机

各号位乘务员到指定位置：

"感谢您乘坐本次航班（15 度鞠躬），祝您旅途愉快，再会。"（挥手致意）

礼仪要求：目光致意，鞠躬送别，挥手致意。

技能实训

航空客舱服务礼仪

实训目的： 熟练掌握空乘人员服务流程及礼仪要求。

实训准备： 模拟航空客舱。

实训方法： 学生分组，角色轮换扮演；教师示范，学生练习。

实训步骤：

1. 学生无声观察教师示范一遍；
2. 小组集体练习；
3. 1：1 角色交换练习；
4. 抽查后点评；
5. 学生依次进入客舱体验；
6. 学生互评，教师点评；

7. 学生写总结。

习题

1. 简述乘客登机时的服务流程及其礼仪要求。
2. 引导乘客入座及安全检查的流程及其礼仪要求有哪些?
3. 客舱服务的礼仪要求有哪些?
4. 乘客下飞机的礼仪要求有哪些?

任务4　高铁服务礼仪

任务导入

高铁作为新型列车，对服务品质要求较高，接近于航空服务标准。高铁乘务员要时刻保持良好的形象，将规范的服务礼仪与服务流程相融合，提升服务品质。

任务分析

高铁乘务员为乘客提供高品质的服务，其服务流程及礼仪要求有哪些呢?

任务实施

一、迎接旅客上车

列车员站在指定位置，迎接旅客上车。

“您好，欢迎乘坐本次高铁（动车组），请按照车票座位有序入座。”施30度鞠躬礼。

礼仪要求：站姿挺拔，热情迎接，微笑问候，步态轻盈。

二、引导入座

旅客询问座位时，双手递接车票。

引导手位有以下几种：

（1）高位引导手势：“您的座位号在窗户边，请对号入座。”

（2）中位引导手势：“先生您的座位号在16排D座，请往里走。”

（3）低位引导手势：“女士您好，请把行李收进您的脚下!”

（4）放低姿态服务：让乘客感受到充分的尊重，下蹲说：“我来帮助您。”

礼仪要求：热情亲和，目光专注，手势到位，蹲姿优雅，双手递接。

三、车厢服务

礼仪要求：服务过程中善用鞠躬礼，鞠躬感谢、鞠躬致歉、礼貌握手。

“乘客您好，大家都在休息中，麻烦您打电话（看视频）声音稍微小一些。”（感谢目光）

“女士很抱歉，您快下车了，来不及到补票车厢补票了。麻烦您在下车后到检票口补票！谢谢！”（道歉鞠躬）

工作中如遇乘客向列车员热情握手，应礼貌回礼，尊者为先。（握手）

四、旅客下车

乘务员站在指定位置：

“感谢您乘坐本次列车（15 度鞠躬），祝您旅途愉快，再会。”（挥手致意）

礼仪要求：鞠躬送别，挥手致意。

技能训练

高铁服务礼仪

实训目的：熟练掌握高铁服务流程及礼仪要求。

实训准备：模拟高铁车厢。

实训方法：学生分组，角色轮换扮演；教师示范，学生练习。

实训步骤：

1. 学生无声观察教师示范一遍；
2. 小组集体练习；
3. 1∶1 角色交换练习；
4. 抽查后点评；
5. 学生依次进入车厢体验；
6. 学生互评，教师点评；
7. 学生写总结。

习题

1. 简述高铁服务流程及礼仪要求。
2. 高铁乘务员迎接旅客上车的流程及其礼仪要求有哪些？
3. 高铁乘务员引导入座的手势礼仪有哪些要求？
4. 高铁乘务员车厢服务礼仪要求有哪些？
5. 高铁乘务员送别旅客的服务礼仪要求有哪些？

参考文献

［1］陈增红．服务礼仪［M］．大连：大连海事大学出版社，2016.

［2］王旭．酒店服务礼仪教程［M］．北京：中国传媒大学出版社，2010.

［3］韩爱群．商务礼仪实务［M］．北京：北京理工大学出版社，2012.

［4］万文斌．商务礼仪［M］．北京：航空工业出版社，2012.

［5］任玉杰．酒店服务礼仪［M］．上海：华东师范大学出版社，2009.

［6］文通．新编现代酒店礼仪礼貌星级服务标准［M］．北京：中国纺织出版社，2008.

［7］吕艳芝，朱玉华．饭店服务礼仪标准培训［M］．北京：中国纺织出版社，2014.

［8］简成茹，王淑华，舒燕．商务礼仪［M］．北京：教育科学出版社，2013.

［9］全细珍，黄颖．职场礼仪实训教程［M］．北京：北京交通大学出版社，2009.

［10］杨连学．模拟导游［M］．上海：上海交通大学出版社，2011.

［11］刘德兵．导游技巧与实训［M］．北京：中国传媒大学出版社，2008.

［12］张晓娟．导游服务实训教程［M］．北京：机械工业出版社，2010.

［13］姜若愚．旅游景区服务与管理［M］．大连：东北财经大学出版社，2011.

［14］廖建华．旅游景区服务与管理实务［M］．大连：大连出版社，2012.

［15］史峰．商务礼仪［M］．4 版．北京：高等教育出版社，2018.

［16］张岩松．公关与礼仪［M］．大连：东北财经大学出版社，2021.

［17］田莉．旅游礼仪实务［M］．2 版．北京：中国铁道出版社，2017.

［18］梁颖，陈杰峰．旅游礼仪［M］．上海：上海交通大学出版社，2018.

［19］王淑华，舒燕，程云．商务礼仪［M］．3 版．北京：教育科学出版社，2021.

［20］吴雨潼．职业形象设计与训练［M］．6 版．大连：大连理工大学出版社，2019.

［21］彭蝶飞．酒店服务礼仪［M］．2 版．上海：上海交通大学出版社，2019.

［22］陈璐．职业礼仪实训教程［M］．北京：高等教育出版社，2019.

［23］郭虹，詹美燕，米涵希．礼仪的应用与实践［M］．杭州：浙江大学出版社，2020.

［24］海英．礼仪中国［M］．北京：北京师范大学出版社，2021.

［25］孟庆荣，陈万金．人际交往与沟通［M］．2 版．厦门：暨南大学出版社，2021.

［26］杨剑英，常军．商务谈判理论与实务［M］．2 版．南京：南京大学出版社，2020.

［27］李静．政务礼仪应用特性的研究［J］．国际公关，2020（7）：257-258.

［28］刘贺．思政视域下精品课程建设研究：以高职铁路旅客服务礼仪课程为例［J］．辽宁高职学报，2023，25（3）：60-62.

［29］叶海云，范世尧，金苏宁，等．政务服务礼仪培训中的问题与对策研究［J］．中国标准化，2022，（1）：138-141.